中医学博士
楊さちこの

漢方美肌生活

Kanpo Bihada Seikatsu

めこん

中医学博士 楊さちこの漢方美肌生活

はじめに

女に生まれた以上、「きれいになりたい」という願望を持つのは当たり前のこと。「いつまでもきれいでいたい」と美を追求するために、惜しみない努力を注ぐのも女の本能です。

でも、そのきれいに対する思いは年齢によってずいぶん違ってくるものです。10代のきれいは「インスタントのきれい」だけをめざし、外見をきれいに見せようとメイクに励む時代。それが、20代半ばを過ぎると、肌になんらかのトラブルの兆候が現れてくる。でも、熟練してきたメイクのテクニックとワンランク上のスキンケアで、なんとか平均以上のきれいを保つことはできます。

問題は30の声を聞いてから！　このあたりになると、特に若いころ肌がきれいだといわれ続けてきた人が、自信をなくし始めるころです。「自分の肌は永遠にきれいだ」と信じていたのに、気がついたら魔法がとけたように肌の衰えがしのびよってきていたと愕然とするのです。

若いころ、自分のきれいと健康を過信しすぎてメイクを落とさずに眠ったり、徹夜、徹夜の忙しい毎日で睡眠や食べ物のバランスも気にしなかった、そのツケが、目のクマやたるみ、肌のきめの崩れ、眉間のシワなどとなって現れてくるのです。

そして、40代になると、肌のきれいな人とそうでない人の差が歴然とでてくることに驚かされます。同じ歳でも10歳くらいの客観的年齢差が現れる人もいます。

その「差」はいったいどこからでてきているのでしょうか？

その「差」は何をきっかけに始まったのでしょうか？

それは、「今まで、肌や体をどれだけ大切にしてあげていたか」のひとことに尽きます。若いころから、きちんとメイクを落としていたか？　睡眠は十分にとっていたか？　ストレスを溜めない生活を心がけてきたか？　体にいいもの、本当に体がほしがっているものをきちんとあげてきたか？

つまり、だれでもできる当たり前の小さなことを毎日コツコツと積み重ねてきたかどうかなのです。

中国人は風邪を引くとまず西洋医にかかります。そして症状が治まると、つぎは漢方医に漢方薬を処方してもらいそれを飲みます。西洋医には「風邪という病気を治すために」局部的な治療を受け、「風邪のために体のバランスが崩れてしまっている」のを、正常の状態に戻すために漢方薬を用いるということです。

私の学んだ中医学・東洋医学は、その症状の原因となる体質や生活習慣などをトータルで診ることが、西洋医学と違うところです。

私の解釈では、病気を治すこと、症状・病巣を診るのが「応急手当て」であり、病人を治すこと、不調の原因を見極め、他の病気の予防や健康な体づくりをめざすのが「永久手当て」だと考えます。つまり、病気を治すことと病気にならないようにすることは別だということです。

「きれいに対する考え方」もこれとまったく同じなのです。インスタントの「すぐに手に入るきれい」は、「応急手当て」であり、「時間をかけて保つきれい」は「永久手当て」なのです。

もちろん、外見のきれいもとても大切だとは思いますが、それだけに気をとられて、体の内側からのきれいや、10年先、20年先の自分のきれいを台なしにするようなことをしたら、あとで悲しい思いをするのは、自分自身なのだということを忘れてはいけません。「応急」と「永久」のバランスが整うことで、今も将来もきれいな女性であり続けることができるのです。

アジアの知恵を生かした楊さちこ流「美肌づくり」で「時間をかけて保つきれい」をお教えします。

中医学博士
楊さちこの漢方美肌生活

目次

contents

第3章　――心と体の中から肌を潤す――

contents

contents

第1章

——まず自分の顔を知ることから始めよう！

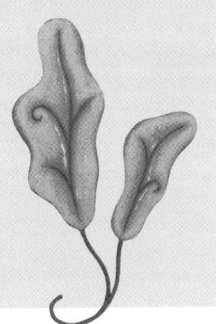

chapter 1

きれいな肌を具体的にいうと

香港でも、中国でも、日本でも、お肌のケアは「美白」が基本。少し前までは、単なる流行であったのが、今現在、コスメ効果の基本に「美白」があるのが当たり前になってきています。

熱帯から温帯にかけての東南アジア地区では、太陽の日差しが強いせいで、日に焼けて真っ黒になりやすい。だから昔から色の白い女性に対する憧れが大変強くあるのです。そして、それぞれの国でいい回しは多少異なりますが、「肌の白さは何ものにも勝る」ということわざが存在するのも事実。

しかし、中医学はたんなる「白さ」だけにとらわれていないのです。

中医学を学ぶ人が必ず手にするのが、中医学の原典*『黄帝内経《こうていだいけい》』。それによると最高の肌は、「精明の色」(最高に美しい色)を持つといわれています。それは、みんなが憧れているただたんに「白い肌」とは異なるものなのです。

肌の色が白いかどうかではなく、「肌質」を重視しています。そもそも肌色は体質、環境、季節の変化、仕事の条件の差異によって、青っぽかったり、赤っぽかったり、黄色みを帯びていたり、白っぽかったりとまちまちです。

しかし、どんな色であっても、素肌に潤い・ハリ・弾力・ツヤがある肌色は精明の色なのだということなのです。つまり、どんなに白い肌でもこの「潤い・ハリ・弾力・ツヤ」がないと美しい肌ではないということです。

『黄帝内経《こうていだいけい》』による肌の色についての記述

❖赤い肌…………白い絹で鮮やかな朱砂を包んでいる様子。
赤褐色はだめ。

❖白い肌…………白鳥の羽のようにツヤのある白。
黄色みを帯びた岩塩の色はだめ。

❖青い肌…………蒼璧（青色の玉）のように鮮やかな色。
藍染の色はだめ。

❖黄色い肌………絹で鮮やかな鶏冠石《けいかんせき》（橙黄色で光沢がある）を包んでいる様子。
黄土色はだめ。

❖黒い肌…………重漆《じゅうしつ》（光沢のある黒い漆）の色。
黒炭の色はだめ。

＊『黄帝内経』とは

約2000年前に書かれた
「医学書のお手本」
簡単にいうと右記のようなことが記されている

［陰陽五行《いんよう ごぎょう》］いろいろな現象や性質を説明する考え方
［蔵象］人体のいろいろな働きやつながり
［経絡］気の通り道である経絡や経穴（ツボ）
［病因・病機］病気になる原因と過程
［病証］どのような病気があるか
［診察法］どのように病気を調べるか
［論治《ろんち》］病気の治療の仕方
［養生］長生きの原則や方法
［運気］自然界の気象の変化と、それに伴って起こりやすい病気

肌のトラブルを触れて確認！

美肌に必要な「潤い・ハリ・弾力・ツヤ」の4つの条件を満たしているのが、理想肌。それを手に入れるために、ただ漠然とお手入れしてもその効果はあまり期待できません。まず、ほんとの自分の肌状態をきちんと理解することが必要です。

そして、自分の肌に足りないものを補いながら、この4つのバランスを整えていくことが大切になります。また、美肌と健康のためにバランスのよい食事や飲み物をとるように心がけることが必要です。

check

しっとり感をチェック

手の甲で頬を挟むようにして肌の感触を確かめる。硬い感じがしたら潤い不足。水分が十分であれば、手の甲を肌から離すときに吸いつくような感覚がある。メイクが浮く、ツヤがないと感じる人の肌は水分が足りていないということ。
洗顔方法と、水分補給を見直して欲しい。

理想肌	水分をふくんだモチモチ肌、肌に透明感がある、やわらかさがある
対策	洗顔法p.26・保湿ケアp.34 水分補給p.63参照
積極的に取りたい栄養素	ビタミンB2、B6、A、E （レバー、まぐろ、うなぎ）
養生ドリンク	保湿ドリンクp.79参照

check

ハリ をチェック

頬を指先でつまんでみる。つまんだ指の跡が残っていない? 残っていれば、それは肌のハリがなくなっているサイン。水分、油分とも不足している。また新陳代謝が活発でない状態。

そんな場合は美容液や、パックなどで　肌の組織レベルから活力を与えて、機能を回復する必要がある。

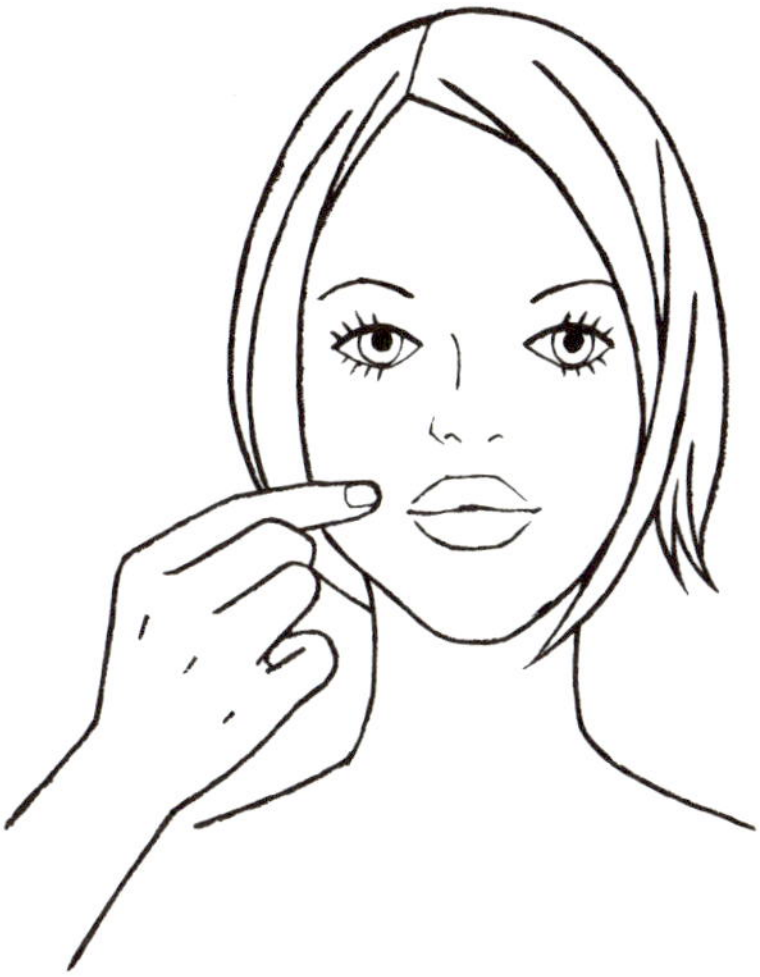

理想肌	水分・油分のバランスのとれた肌、 しっとり感のある肌、シワのすくない肌
対策	たるみケアp.54、 水分補給p.63参照
積極的に取りたい栄養素	ビタミンA(カロチン)、C、E (人参、柿、うなぎ)
養生ドリンク	シワ予防「梨ミルク」p.76参照

check

弾力
をチェック

指先で頬を押さえてみて！　肌が押し返してくるような感じがなければ弾力を失ってきている証拠。また、指を頬の上から下に向かって滑らせたときに、抵抗を感じないのも弾力不足のしるしだ。また、肌に弾力がなくなると、目元、口元が下がり、輪郭がぼやけてくる。

こんな場合は、肌をいたわりながらのマッサージが必要だ。

理想肌	しっとり感とふっくら感のある肌、ツヤのある肌
対策	保湿ケアp.35、たるみケアp.54、 水分補給p.63参照
積極的に取りたい栄養素	たんぱく質、ビタミンC、E （豆腐、ブロッコリー、ツナ）
養生ドリンク	ゴマ・黄な粉・豆乳ドリンクp.78参照

check

ざらつき
をチェック

片方の手で人差し指と中指で頬を挟むようにして、もう一方の手の甲でそこを触ってみて。手の平より敏感にざらつきを感じられます。

乾燥するとざらつく人が多い頬。毛穴の汚れを残さないことも必要。スクラブやピーリングに走るよりも、正しい洗顔やパックで肌に十分な栄養を与える角質ケアを考えて欲しい。

理想肌	きめが整っている肌、皮膚がやわらかい肌、皮脂分泌が少ない肌
対策	洗顔法p.26・角質ケアp.62参照
積極的に取りたい栄養素	ビタミンB2、B6、食物繊維（青い魚、乳製品、豆）
養生ドリンク	ジンジャー・シナモンミルクティーp.78参照

過去・現在・未来の自分の顔を知る

自分の肌と向き合って、肌の状態とこれからめざす理想の肌が見えてきたところで、あなたの5年前の顔、5年後の顔をのぞいてみませんか？

用意するのは手鏡ひとつ。

「きれいになること」とは、自分に足りないものが何なのかを知ること、つまり自分がきれいになるために、邪魔をしているものが何なのか、その正体を知ることから始まると私は考えます。

私自身も以前は、テレビや雑誌で見る肌の透き通るようなきれいな女優さんやモデルさんをお手本に求め、そんな肌になれるよういろいろな努力をしていました。でも、今思うとそれは単にスキンケアやメイクアップの流行を追っていたに過ぎないと気がつきました。自分の肌の声、自分の顔に真摯に向き合うことで、はっきりと何をすればよいのかがわかったのです。

だから、あなたも自分の過去の顔、現在の顔、未来の顔をきちんと見つめることがとても大切。そして、どうすれば未来の顔が過去の顔になれるのかをしっかりと考えてみましょう。

現在の顔

present

鏡を顔と平行にして持ち、顔全体を見渡してみる。
どこのたるみが目立って見える?
頬? 額? フェイスライン? 肌の質もじっくりチェックしてみて欲しい。

過去の顔

past

鏡を斜め上45度に構えて見上げてみる。
それが5年前のあなたの顔。
フェイスラインのたるみがないし、顔全体に、現在よりもハリがあるのでは?
口元や、眉間のシワなんかもないはず。

未来の顔

future

鏡を斜め下45度に構えて覗き込んでみる。
重力にしたがって、顔の筋肉は全体的に落ちるはず。
それが、あなたの5年後の顔。

きれいへの第一歩は目標をしっかりと持つことから

未来の自分の顔に愕然とした方も多いのではないでしょうか？

でも、私もそんなひとりでした。私が中医美容学に興味を持ち始めたのは、36歳の時です。それはこれから出産をするというときでもありました。歴史ある中国の何かを学びたい、それと仕事である美容を突き詰めたいという様々な思いからでしたが、自分自身に役立てようという強い気持はあまりなかったのです。

ところが、出産後24kgも増えた体とすっかりお手入れを怠りぼろぼろになった肌で、とてもみにくいということを夫に指摘された（その夫も100kgの巨漢だから、余計に腹が立った）ことで、「やせる！」「きれいになってみせる！」と一念発起せざるを得ない状況になったのです。

そして、「前より絶対きれいになる」ことを目標としたときに、中医美容学の勉強が大変役に立つことに気がつき、自分を実験台にしていろいろと試みた結果、実感したのは「中国人の知恵は本当に身近でお役立ち！」だということでした。その中のひとつ水を飲んで体内浄化という中国の知恵で、すっかり体重ももとにもどり、お肌の状態もメキメキとよくなっていきました（P.100参照）。

きれいでいたいという思いと、この本でお伝えする体の内と外からのお手入れを毎日続けるという基本が身につけば、老化に逆行することも決して難しくはないのです。

過去の顔・現在の顔・未来の顔を知ったみなさんは、もう「きれい」への一歩を歩み始めています。過去の顔を手に入れることも夢ではありません。ご一緒にがんばりましょう。

第2章

——女性の一生のリズムに合わせたケアできれいをめざす

chapter 2

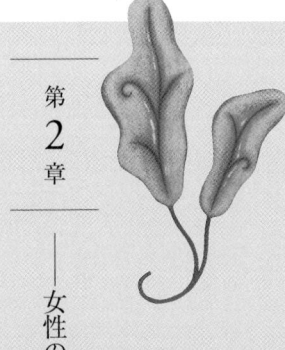

年齢を身につけた自分だけのきれい

「その年代ならではの美しさ」というのが女性にはあります。それは客観的に見ると「その年代ならではのきれいに対する思い」とはすこしへだたりがあるのに気がつきませんか?

若いころのきれいに対する思いは、「インスタントのきれい」のみをめざしています。もともと、肌はみずみずしくハリがあるので、それが永遠に続くものと勘違いしてしまい、メイクなどでつくり上げて外見をいかに大人っぽく見せるかということにパワーを集中してしまいがち。結果としてその年代の一番の宝物である若さというのを閉じ込めてしまっていることに気がつきません。

また、女の子が女性に変わっていく年ごろには、そのとき特有の輝きや、肌の潤いが表情となって現れてきます。でもそれと時を同じにして、肌に何らかの老化への兆候も現れてきます。しかし、今のメイクされたきれいに満足していて、気づかないで過ぎていく場合が多いのです。大人の女性になるにしたがって、その人の個性が顔からも雰囲気からも感じられるようになってきます。このあたりになると、特に若いころ肌がきれいといわれ続けてきた人が自信をなくし始める時でもあるのです。

「化粧をしなくては外を歩けない」くらいに化粧前と化粧後の肌に差がついてしまっていることに気づき、素肌のきれいを大切にすることに目覚めるのです。これでは遅すぎるのです。

重ねていく年齢に沿って自分のきれいを表現できるようになるためには、自分の肌がだしているサインに気づき、それを直視する勇気が必要なのです。今まで同じ方法でしてきたメイクがなぜか似合わないと感じたら、メイクの方法を変えるだけではなく、素肌に目を向けること。それが「年齢を味方につけた自分だけのきれい」を手に入れるコツなのです。

女性の体のリズムは7年刻みで変化

中医学の原典『黄帝内経』では、女性は7年を基数として成長・老化すると考えられていて、下記のような記載がされています。

2000年以上も昔に構築された理論が現代にも立派に通用するというのは驚くべきことだと私は思います。この理論を自分自身の体の変化と、照らし合わせていただくことにより、そのすごさがおわかりいただけると思います。

そして体と同じように、お肌もこの周期で同じように変化していくのを感じているのです。「実年齢」と「肌年齢」には差があるとはいわれていますが、どれだけ若さを保っている人でも、悲しいことに年齢を重ねることにより確実に老化していきます。それゆえに、その周期に合わせたお肌のお手入れなど、基本的に知っておかねばならないことを味方につけておきましょう。それを確実にこなしていくことにより、「年齢を身につけた自分だけのきれい」が手に入るのです。

それについて詳しくお話ししていきましょう。

女子は7歳から腎気が強くなり、歯が生え、髪の毛が伸びる速度が増す	
14歳（7×2）	生殖をつかさどる機が生じ、血脈の流れが盛んになり月経が始まる
21歳（7×3）	腎気のバランスがよく、親知らずが生えてくる
28歳（7×4）	骨などが丈夫になり、体はもっとも健康な状態
35歳（7×5）	陽明経の気が弱くなり、顔が老け始めて、髪の毛も抜け始める
42歳（7×6）	陽気が衰弱し、顔は老けて、髪の毛は白くなる
49歳（7×7）	生殖をつかさどる物質が少なくなるので、閉経して妊娠することはできなくなる

10代から21歳

～美肌を保ち続けるための知性の基礎を養う時期～

お肌の状態
skin

ほとんどの子供は完璧な肌の持ち主なのですが、思春期になると皮脂の分泌がふえ、毛穴を防ぐようになります。この皮脂は、にきび以外は、むしろ歓迎すべきものです。皮脂により、肌の乾燥を防ぎ、肌を柔らかく保ってくれるから。皮膚細胞は、約28日という早さで再生産されます。この年代の肌は、すでに肌の下の組織に、太陽光線のダメージを受けている場合がありますが、シミやシワとなって肌の表面に現れることはほとんどありません。

age10～21

何もしなくても肌の状態が最高なので、それが永遠に続くものと過信して、お肌のお手入れが怠りがちに。いくら肌の水分バランスや油分バランスがとれていてきれいでも、肌は自分でその汚れを取ることができないということだけは知っていてほしい。だから、この時期にきちんとした洗顔術をマスターしましょう。

また、この年代に紫外線を浴びすぎると、将来「シミ」という形でそのツケがまわってくるので、紫外線対策も怠らないでください。

受験勉強などで、生活が不規則になりがちな年代です。お肌はスキンケアだけでなく、毎日の食べるものでつくられています。食べ物に興味を持ち、栄養の知識を少しずつ増やして、食生活を充実させるクセをつけてほしい時期でもあります。

ケアのポイント
care

❶ 朝・昼・晩と規則正しく食事をする
（3食をきちんととることで必要な栄養バランスがとれる）

❷ 野菜・果物をたくさん食べる
（忙しい生活では忘れがちな野菜や果物を意識してとるようにしよう）

❸ 甘いものや油っこいものは1日1回にする（にきび予防）

この洗顔法は、私がいろんな試行錯誤を繰り返した後に編みだしたものです。ちょっと時間はかかりますが、肌がどんどんきれいになるのがわかる！　のがポイント。

肌が生まれ変わる洗顔法
wash

❶ 洗顔前に、まず手をきれいに洗おう

洗顔前の手洗いはわすれがち。手をきれいにしないと、きちんとした泡がたたないだけでなく、手の汚れを顔になすりつけることにもなる。

❷ ぬるま湯で顔についているほこりをとろう

顔についているほこりを先に取り去るだけで、洗顔の効果は倍増する。毛穴も開きやすくなる。すすぎ回数は最低10回。肌をこすらないようにすすぐことが大事。

❸ 石鹸は、しっかり泡立てよう

ていねいに石鹸を泡立て細かい泡をつくる。肌へのなじみがよくなり細かい部分の汚れが取れやすくなる。泡の目安はホイップクリームの固さをめざして。

※スキンケアの基本は、「美容指」を使うこと
「美容指」とは中国エステ用語で中指と薬指のこと。
いちばんチカラが入らない指なので、肌を傷めることなくお手入れができます。

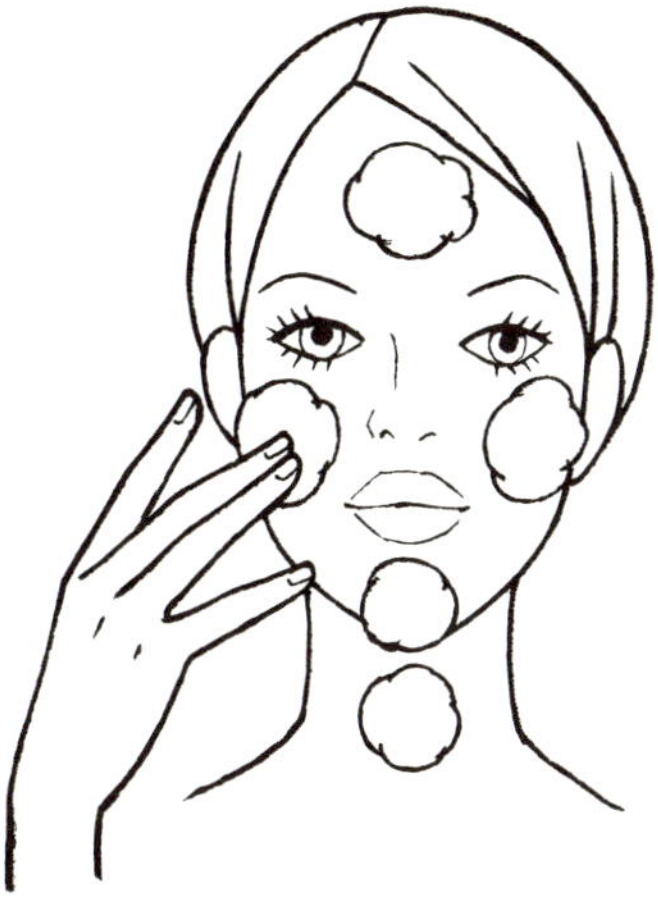

❹ 手は直接肌に触れないようにする

泡をおでこ、両頬、あご、首にのせる。ゆっくり顔全体に伸ばしていく。ポイントは、手と肌の間に泡をはさむようにすること。下から上、内から外にやさしくマッサージする。

❺ 首のところまで洗おう

洗顔は顔面だけでなく、首までしてほしい。そこまで洗うことによって、すぐにざらざらになりやすいあごの下や、首のシワ予防にもなる。

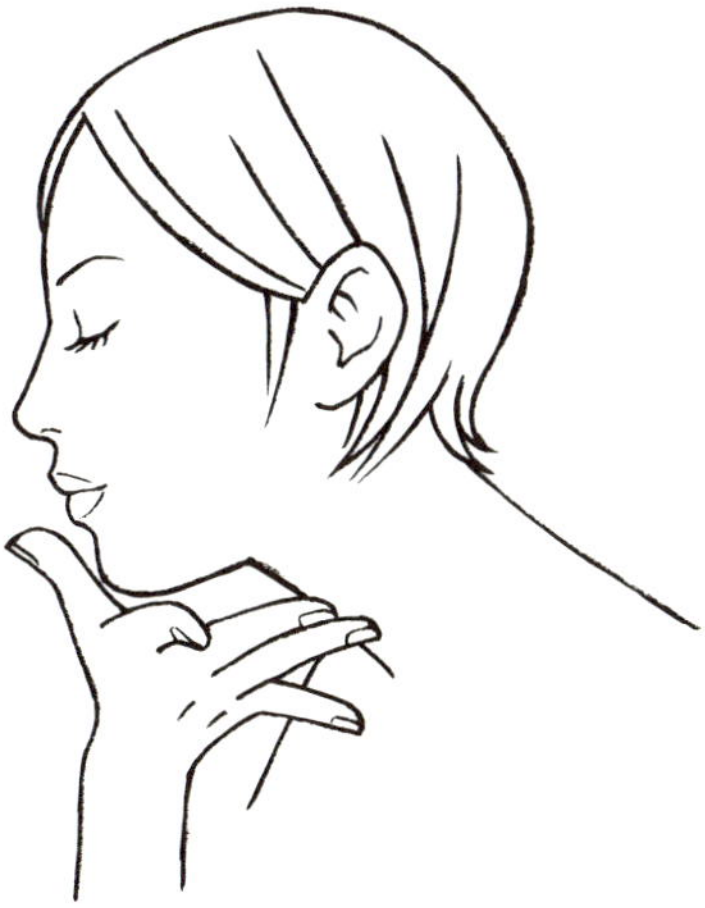

❻ すすぎは、最低30回

すすぎはとても大切。ぬるぬる感がなくなっても、それだけではきちんと洗い流されていないことが多い。手の平で肌をこするらないようにしよう。

❼ タオルでごしごし顔を拭くのはやめよう

柔らかくなった肌の表面を傷つけないよう、軽く押さえて水分を取るようにしよう。

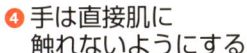

年代別のにきびについて

ティーンエイジャーの場合

思春期になるとホルモンバランスが崩れたり、皮脂腺が発達してきて脂がどんどんでるようになります。このとき脂の排泄がうまくいかなくなってできるにきびが思春期のにきびです。このにきびは思春期を過ぎるとだいたいできなくなりますが、お手入れの方法を間違えてしまうと跡が残ることもあります。

お手入れはシンプルでもいいが、優しく泡洗顔をする、つぶさないなどという慎重なお手入れをしてほしいです。

にきびケア
care

20代、30代の場合

ストレスが原因でにきびのできる場合があります。それは、生活環境が変わったり、身心になんらかのプレッシャーがかかることなどが原因で、ストレスがにきびとなって発散されるのです。食べるものもそれほど変わっていないのに、にきびがでるときにはストレスも疑ってみましょう。

また、ストレス性のにきびは膿胞《のうほう》にまで至ることが多いので注意しましょう。

にきびの原因

- □ ストレス
- □ 過剰な皮脂の分泌
- □ 生理不順
- □ 間違った化粧品選び
- □ タバコ、酒類などの刺激物
- □ ホルモンのアンバランス
- □ クレンジングの不完全さ
- □ 長時間のメイク
- □ アンバランスな食事

［にきびの場所でわかる原因］

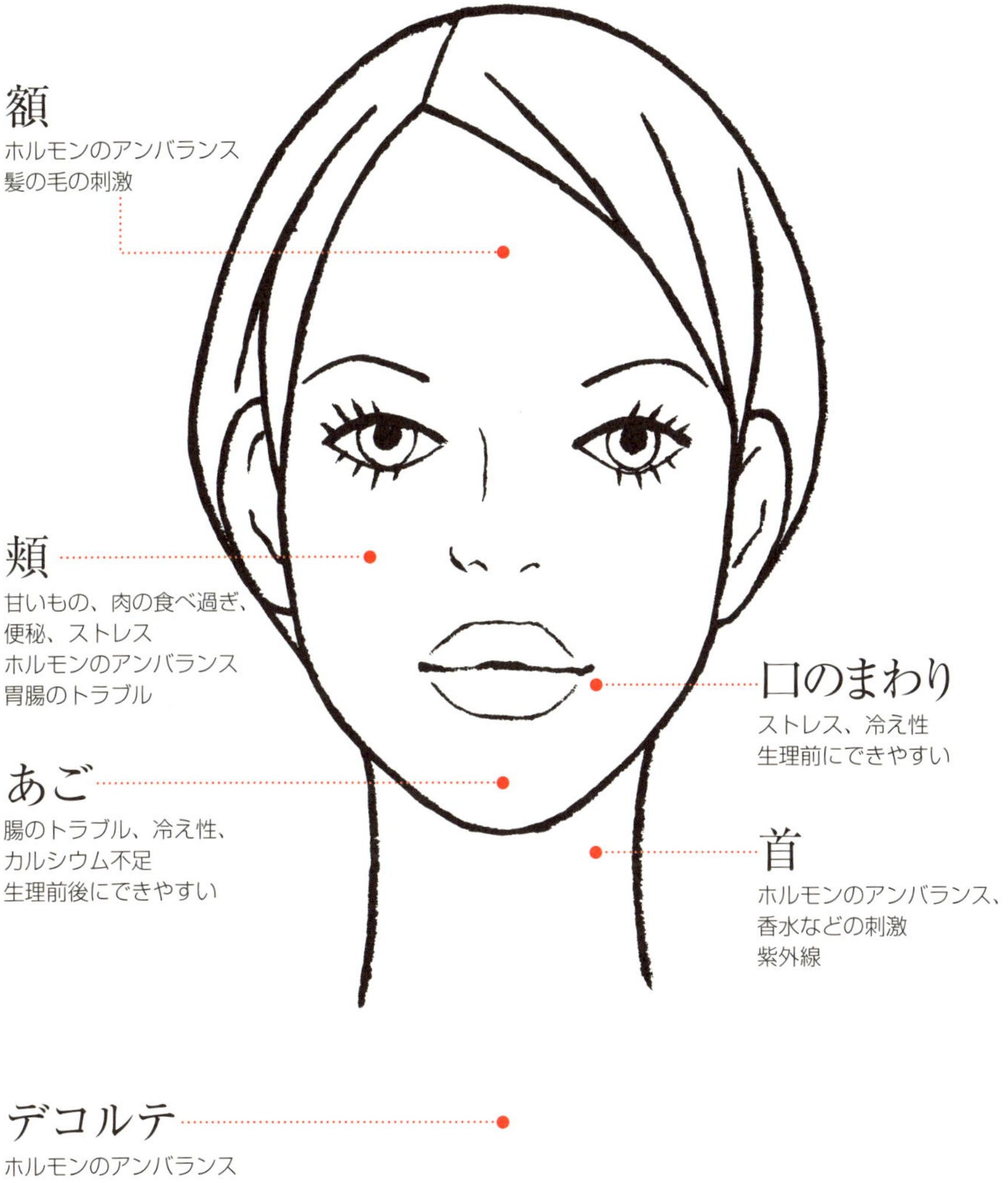
額
ホルモンのアンバランス
髪の毛の刺激
頬
甘いもの、肉の食べ過ぎ、
便秘、ストレス
ホルモンのアンバランス
胃腸のトラブル
あご
腸のトラブル、冷え性、
カルシウム不足
生理前後にできやすい
デコルテ
ホルモンのアンバランス
口のまわり
ストレス、冷え性
生理前にできやすい
首
ホルモンのアンバランス、
香水などの刺激
紫外線

にきび ケア
care

にきびの種類とできかた

にきびは過剰な皮脂の分泌と、肌の新陳代謝ではがれ落ちなかった古い角質が毛穴をふさぐことでできる。普通、皮脂は毛穴を通って皮膚の表面にでて、肌を外部の刺激から守っている。しかし、過剰に分泌された皮脂が排出されずに毛穴の中に閉じ込められ、表皮の下で溜まっていく。溜まった皮脂が盛りあがっていき、その頭がポツンと白く見える。これが「白にきび」。また、詰まった皮脂が毛穴を押し広げ、皮脂の先端が空気に触れて酸化し黒く見える。これは「黒にきび」になる。さらに毛穴に詰まった皮脂をにきびのもとになるアクネ菌が分解し、それが原因で皮膚が炎症をおこす。にきびはこうして、赤くはれあがる。これが「赤にきび」である。

かしこくにきび予防

規則正しくバランスのよい食事をとるのはもちろんだが、過剰な皮脂の分泌を抑えるためには、ビタミンB類を多くとることをおすすめする。中でも、ビタミンB2（レバー、青魚、牛乳など）、B6（まぐろ、鮭、鶏肉など）は皮脂の分泌を抑える働きがある。

また、生理周期を利用して、効果的な予防を心がけることもできる。生理が始まるころからにきびができ始めるのは、女性ホルモンが盛んに分泌されるようになるのが原因。女性ホルモンには卵胞ホルモンと黄体ホルモンがあり、このバランスで皮脂量に変化がでてくる。生理の始まる2、3日前から、黄体ホルモンの働きが活発になり、皮脂の分泌が増えて肌もべたつきがちになる。この時期は肌をより清潔にすることを心がけ、油っぽい食べ物はさけるようにする。これを意識することでかなりの予防になる。

パックをする前に知っておいてほしいこと

パッチテストをする。

二の腕の内側に少し塗り10分おいて、異常がなければ大丈夫。
パックの前には必ずしっかりと洗顔をし、そのあと蒸しタオルを数分間顔にのせて、毛穴を拡張させ、1つ1つの毛穴からパックの有効成分を肌に吸収できる状態にしておくことです。また、肌が超ドライの方は、パックの前にナイトクリームを薄〜く塗っておくことをおすすめします。そのほかに、目の周りや口の周りという敏感な部分には、パックの前にアイクリームやリップクリームなどを塗っておき、パック剤が直接肌につくことを防ぐようにして下さい。また、パックは必ず均等な厚さに塗ることや、パックの後のお肌には必ずナイトクリームを塗ることはお約束です。

[にきびのためのパック]

白にきび・黒にきびのためのパック

にきび対策パック

◆材料

滑石粉 15g、緑茶粉 15g
緑豆粉 15g、蒸留水 20cc

◆作り方

1. 水を除くすべての材料を混ぜ合わせる。
2. 水を加えてしっかり練る。

◆使い方

1. 洗顔後、髪の生え際と眉毛の部分を除いて、のどから順番に顔全体へまんべんなくのばす。
2. 20～30分そのままにして8分どおり乾いてきたら軽く取り除き、ぬるま湯できれいに洗い流す。

※オイリースキン→週に2回が目安
ドライスキン→月に3～4回が目安
ノーマルスキン→週に1回が目安

赤にきびのためのスチームパック

馬歯莧《ばしけん》スチームパック

◆材料

馬歯莧 60g、水 2L

◆使い方

1. 馬歯莧をきれいに洗い、水2Lを加えて20～30分煎じる。
2. 大きなボールなどにいれて、その蒸気をにきびのある部分に当てる。
3. 冷めてきたら、薄いタオルもしくはガーゼ、ペーパーマスクをつけて、顔にパックする。
4. それを2～3回繰りかえす。
5. ぬるま湯で洗い流す。

※馬歯莧：清熱利尿、消炎解毒、散血消腫、殺菌
※にきびがひどいときは毎日してもオーケー

パックの順序

正しいパックの仕方は、のどから塗り始めます。

のど→下あご→両頬→鼻→額→
(再度) 額→鼻→下あご→両頬

パックの標準時間は20～30分です。そのあと、ピーリングするか、ぬるま湯できれいに洗い流します。最後に必ず冷たい水で顔をパッティングし、タオルでおさえるように水分をふき取った後にクリームを塗ります。

22歳から28歳

～自分の肌に責任が生まれるということの意味を知る時期～

このころになると、表情によるシワが、額、目尻、眉間に目立ち始める人もいます。細胞の入れ替わりが徐々に少なくなり、角質層が厚くなり、柔軟性が失われ始めているのです。

太陽光の下で、海水浴や陸上競技、ゴルフなどのスポーツが肌にダメージを与えているのですが、20代の肌はまだみずみずしさを残しており、シミなどのトラブルはありません。

お肌の状態
skin

age22～28

大人として扱われる時期でもあり、仕事にも遊びにもチカラがはいり、夜更かしをしたり、お化粧を落とさずに眠りにつくこともへっちゃらかもしれません。しかし、肌の状態はまだまだ大丈夫だと思っていても、ある朝突然、目元に小ジワを発見したりすることが始まる時期でもあります。でも、この時期の小ジワは、お肌のお手入れをすれば消えるのでまだ安心です。

きちんとした洗顔、紫外線対策に加えて「保湿」を心がけ始めましょう。肌の潤いが失われると、乾燥してスカスカの角質層になり、肌のバリア機能が充分に機能せず、きめが乱れてカサつくだけでなく、肌の老化まで加速させてしまうことになります。

特に秋は、保湿をもっとも意識してほしい季節。冬の深刻な乾きに慌てる前に、バリア機能を肌にしっかりつくっておきましょう。

ケアのポイント
care

［肌の構造］

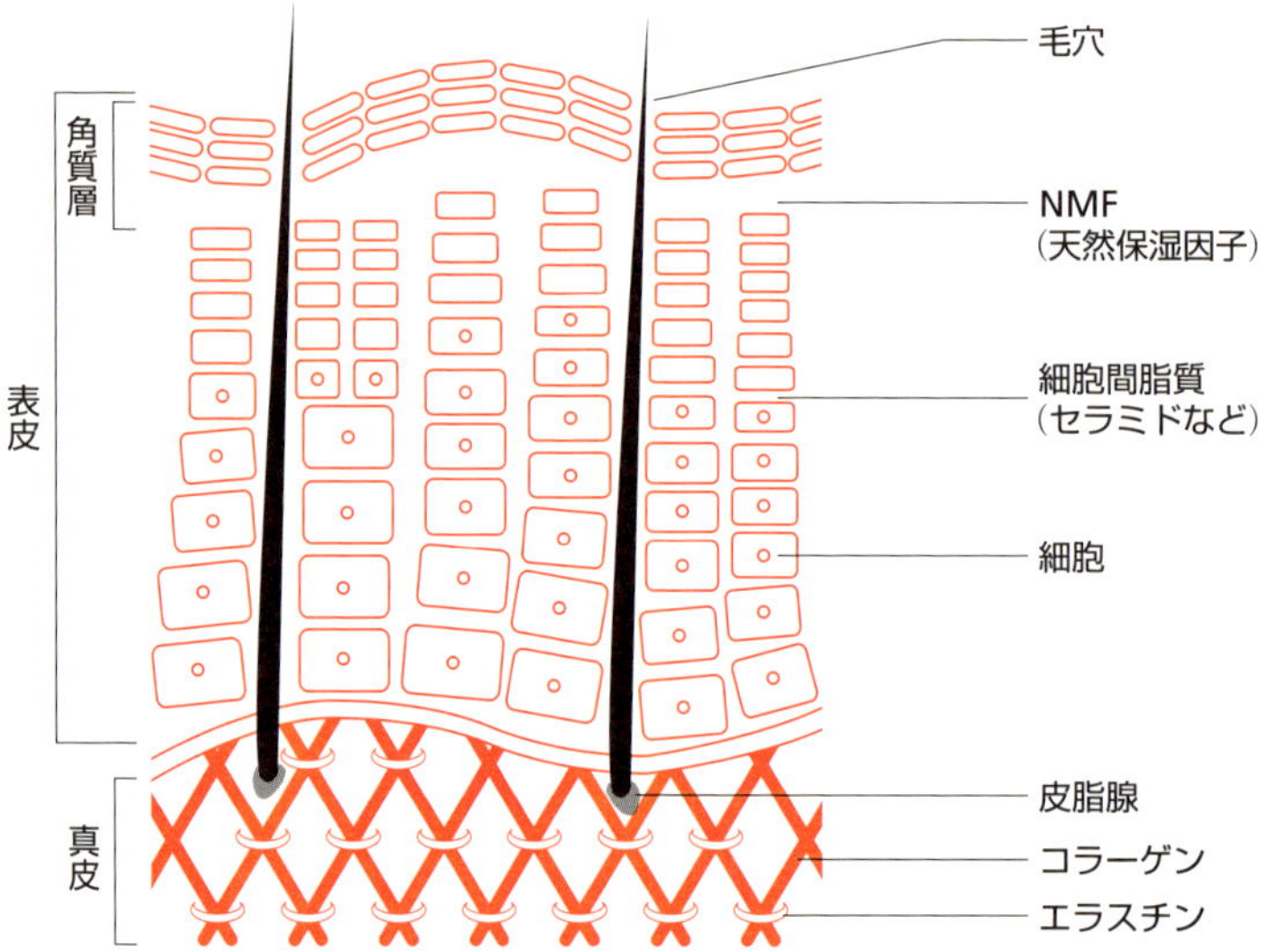

保湿ケア
care

保湿ケアとは、角質層の水分を保つこと。　肌の水分のほとんどが、肌表面よりも、むしろ真皮から、栄養分や酸素と共に角質層に受け渡されていく水分です。その水分を、角質層に16～20％というベストバランスに保つことが、本当の保湿。

角質層の水分は

❶角質層の細胞間脂質（セラミドなど）
❷角質層内のNMF（天然保湿因子）
❸皮脂腺から分泌される皮脂

の、3つの機能によって保たれています。

1つめの細胞間脂質は、肌の保湿機能の要といってもいい成分。角質細胞の間で層状になり角質層に必要な水分を、その間にはさみこんでいます。この機能によって角質細胞がきちんと整列し、キメが整い、外的刺激からのバリア機能を正常に保っているのです。

2つめのNMFは角質細胞内に水分をとどめ、柔軟性を保つもの。

3つめの皮脂は汗などとともに角質層になじんでバリア機能を強め、肌表面で水の蒸発を防ぎ、外的刺激の侵入を防ぐ役割をはたします。

表皮からの水分補給（p63参照）と、年齢とともに衰え痩せてくる真皮の土台に、美容液や美容液シートなどで十分な栄養をいきわたらせることが必要です。またクリームなどで水分蒸発を防ぐ油分を与えることも大切です。

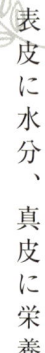

肌の保水能力をたかめる顔浴

材料

桃の花 30g、菟絲子《としし》 30g、淡竹葉《たんちくよう》 50g、
バナナをすりつぶしたもの 50g、水 1.5リットル

作り方

1. 桃の花、菟絲子、淡竹葉と水を土鍋に入れて沸騰させてから、10分間煮続ける。
2. 消毒したガーゼで漉《こ》して、液体をさましたものに、バナナを加えて混ぜる。
3. 洗面器に2を入れてから、お湯の温度約38度くらいになるようお湯を加える。
4. タオルやガーゼを洗面器につける。
5. のど→あご→頬→おでこの順番に、4を使ってマッサージするように顔浴をする（3～5分）
6. ぬるま湯できれいに洗い流す

※1週間くらいの間1日おきに繰り返す。

これは、中国にはいろいろな学者が記した漢方レシピの本である『普済方《ふさいほう》』に記されている“潤膚澡豆方”を基本に作り上げたレシピである。

毛穴には体質改善

本来毛穴は、汗や皮脂を分泌して肌に潤いを持たせる役割があります。毛穴が潤っている時は肌のきめが整っている状態。ところが紫外線や乾燥、皮脂の詰まり、老化によって毛穴が目立ち、顔全体がくすんだように見えてしまいます。

市販されている毛穴専用シートなどは、必要以上に脂分をとってしまい、細胞は脂分を補おうと敏感に反応し、脂分を元の状態にもどそうとするので、あまりおすすめしません。洗顔方法の見直しとローションで毛穴を引き締めるのがいいでしょう。

また、Tゾーン周辺は顔の中でも特に皮脂腺が多く集まっているところ。鼻頭の黒いブツブツ、これは、毛穴に詰まった皮脂が酸化して過酸化物質に変化したもの。これは肌に炎症などのトラブルを引き起こす原因にもなります。毛穴に詰まった皮脂が酸化してしまうのは、糖質や脂質の多い食生活が原因です。過剰摂取したそれらをうまく代謝できずに皮脂腺から脂が多く分泌され、それが、酸素に触れると体内も酸性に傾いてしまうのです。食事に注意し、体の内側からアルカリ性体質に変える必要があります。

毛穴ケア
care

積極的にとりたいもの

- □ カロチン
- □ ポリフェノール
- □ ビタミンC

毛穴が目立つ3つの理由

乾燥で毛穴が目立つ場合

肌が乾燥すると、毛穴はすぐに目立ってくる。水分が少ないために肌の抵抗力もダウンし、にきび、シミ、シワにもなりやすくなる。

▶ 水分補給がポイント p.63参照

皮脂が詰まって毛穴が目立つ場合

皮脂の分泌が盛んな人に多いのがこのタイプ。毛穴に皮脂や汚れが詰まって、毛穴を広げてしまっている状態。

▶ 洗顔がポイント p.26参照

老化によるたるみで毛穴が目立つ場合

縦方向の毛穴は老化で肌がたるんだ証拠。頬など面積の広い部分に目立つ。毛穴老化チェックは、頬を軽く外側に引っ張って、鼻のわきの毛穴が見えなくなったら……毛穴老化はじまっています。

▶ 水分補給がポイント

楊さちこ式
毛穴をきれいにする「湯気美容法」

湯気を使った美容法は、汗腺を刺激し、体内の老廃物や皮膚表面の汚れを汗と一緒に体外に排出させることができます。また肌を清潔にするだけではなく、肌に潤いを与えたり、血液の循環も促進してくれます。
肌の老化の一番の原因は、長期にわたって体の水分が不足し、乾燥した状態をつくりあげてしまっているということ。湯気美容法は、湯気を使って肌を柔軟にし、毛穴を開きやすくし、肌の弾力をたかめるのに効果大。

用意するもの

洗面器、洗面器に8分目ほどの熱湯、
エッセンシャルオイル1～2滴（ローズや、カモミールなど肌をリラックスさせる効果のあるもの）、
スポーツタオル1枚、ガーゼ（なければハンドタオル）1枚、
クレンジング剤、洗顔剤（石鹸が望ましい）

「湯気美容法」

方法

1. 熱湯を入れた洗面器にエッセンシャルオイルを入れる。
2. 洗面器の上に顔がくるようにする。お湯との距離は10cmくらい。(やけどに気をつけて!)
3. 頭からタオルをかぶり洗面器をおおうようにする。(湯気をきちんと顔にあてる)
4. 湯気がゆっくりと皮膚や毛穴から浸透してくる。
5. 3分くらいしてから、タオルで顔をおさえる。
6. 500円玉大のクレンジング剤を顔全体に伸ばしマッサージする。そしてティッシュなどで軽くふき取る。
7. 手をきれいに洗い、洗顔剤を手の平で泡立てる。
8. 顔全体に泡立てた洗顔剤を伸ばしマッサージする。
9. さらに、ぬらしたガーゼでやさしくなでるようにマッサージ。
10. 洗面器のお湯がぬるま湯になるくらいに水を足して、ガーゼを使って顔をすすぐ。
11. 最後に流水のぬるま湯で顔をすすぐ。
12. その後は、普段のとおりのスキンケアをする。

※クレンジング剤には油分が含まれているので、そのまま洗い流すと汚れがまた肌に付着するおそれがある。クレンジング剤を使った上から洗顔剤を使うのがポイント。

◇洗顔前に湯気美容をするということは、ちょっと面倒に感じるかもしれないが、続けていくとその効果にハマってしまい、きちんと習慣になるはず。

クマの原因を知り徹底対策

1 目もとの色素沈着

これは紫外線・赤外線などのダメージや、乾燥、こすりすぎなどによって、目元にメラニンがつくられてしまった状態。クレンジングのしすぎも原因になります。

2 目の周りの血行不良

もともと目の周りの皮膚は、顔のほかの部分と比べて3分の1程度の薄さしかない。よって、目の周りの細かい毛細血管の血流が悪くなりうっ血した状態になると、その黒ずんだ血液が皮膚に透けて、青黒いクマになって見えてしまうのです。

目の酷使、疲れ、ストレス、睡眠不足、冷え、タバコなどが原因にあげられます。

目の下のクマケア
care

対策 ·············▶

目の周りの血行をよくする

◇あたたかい蒸しタオルと冷たいタオルを交互に当てる。
◇（当たり前ですが）よく寝る。
◇食べ物で血行をよくする。→血行をよくするビタミンE、ストレスがあると大量に消費されるビタミンC、疲労回復やいろんな代謝に関係して、体の機能をうまく保つビタミンB群等の補給をする。
◇目の周りをマッサージする。（ただし、マッサージはやりすぎると、かえって色素沈着の原因になるので、やさしくなでるぐらいに）

クリーム、乳液などで乾燥を防ぐ

塗って目のクマ解決
[銀耳真珠アイクリーム]

材料

銀耳《ぎんじ》(白きくらげ)30g、真珠パウダー 5g、ミネラルウォーター 50cc

作り方

1. 銀耳をなべの中に入れ、水を加えて弱火でトロトロになるまで煮る。
2. 真珠パウダーを加えてよくかき混ぜる。
3. 冷めたら、消毒済みのガラス瓶に入れて冷蔵庫で保存する。

使い方

1. 綿棒でクリームを取り、目の周り全体にのせる。
2. 中指と薬指の腹を使ってやさしくくるくるとマッサージ。

※冷蔵庫での保存は約2週間。保存料が入っていないので、くれぐれも指を使ってクリームをすくい取ることはしないでほしい。必ず綿棒を使うこと。

※このクリームは安定したビタミンEが含まれていて、目の周りの血行促進に働いてくれる。

※クマによい漢方ドリンク▶p.80

29歳から35歳

～素肌は衰え始めるかわりにその人らしさが生まれる時期～

お肌の状態

skin

表皮にはっきりと、シミやシワが現れる時期です。太陽光線、排気ガス、ストレス、バランスの悪い食事などにより、肌の状態にすぐその影響が現れます。

また、角質層が厚くなり、肌の柔軟性がなくなり、皮膚細胞の再生産のスピードも遅くなってきます。また、笑ったり、怒ったり、泣いたり…同じ表情を繰り返すことにより、小ジワから、はっきりしたシワに変化していくころでもあります。

age29～35

結婚、育児、仕事で重要なポストにつくなど、人生のイベントが盛りだくさんの年代でもあります。

子供が小さい時期は、自分のお肌のことまで考えていられなくなるほど、毎日クタクタに疲れてしまったり、ストレスを感じやすくなる年齢。この時期にきちんとしたケアを怠ると、若いころの不摂生が表面化し、それ以降の肌年齢に大きく響く時期でもあるので、手抜きは大敵。

ケアのポイント
care

この時期に大切なのは、きちんとした洗顔（p.26参照）、保湿を強化（つまりシワ対策）、紫外線ケアを強化（つまりシミ対策）に加えてストレス回避法をマスターすることです。

シワケア
care

シワは予防できる

シワは、額、眉間、目じり、法令線が一番目立ちやすいもの。それを予防、もしくは改善しようと思うのであれば、まずシワの発生原因をしっかりと見極めなければなりません。生活習慣を改善すると、シワは予防できるのです。

シワ予防のための生活習慣改善10か条

❶ 紫外線を避ける
シワの原因の最たるものは紫外線。日焼け止めは室内外、四季を問わず一年中必要。

❷ 規則正しい生活
とくに、睡眠不足、徹夜は大敵。肌細胞の機能をたかめるにはたっぷりの睡眠が必要。体のリズムを整えるために一定の睡眠を。

❸ タバコはやめる
喫煙は肌細胞の機能をたかめるビタミンCを消費してしまうので、シワ予防のためには禁煙したほうがいい。

❹ 食事バランス
野菜や果物のビタミンは肌には不可欠だが、それを吸収するためには、タンパク質も必要。また新陳代謝をうながす水をたくさん飲みましょう。運動もかかさずに。

❺ いつも楽しい気持ちでいる
ストレスはシワの大きな原因になる。ものごとを深刻に考えず、明るく前向きに過ごすように心がけましょう。

❻ 顔の表情はあまりオーバーにしない
表情ジワには、よいものと悪いものがあります。笑いの横ジワは、眉間のシワよりずっとよい。表情筋を動かすと、肌細胞の機能も活性化しますが、鏡を見て自分の表情のクセを知り、深いシワを残さないよう研究しましょう。

❼ 肌を乾燥から守る
冬は暖房、夏は冷房と一年中肌からは水分が蒸発する環境。メイクの上からも保湿できる工夫が必要。

❽ マイルドで、保湿性のある スキンケアアイテム
肌がぴりぴりしない、香料や肌への刺激の少ないアイテムを選ぶこと。それとともに化粧品の扱いはいつも清潔に保つということが基本。

❾ 熱すぎるお湯で洗顔しない
肌から水分を奪ってしまい、乾燥させるので避ける。また、クレンジング剤もマイルドなものにし、肌表面を傷つけるおそれがあるスクラブは使わない。

❿ シワを予防する食品をたくさんとる
胡桃《くるみ》、黒胡麻、木耳（黒きくらげ）などビタミンEやコラーゲンを含むものを積極的に食べるようにしましょう。

シワ予防におすすめ
[真珠パック]

材料

真珠パウダー 5g、卵白 1個分

真珠：コンキオリンアミノ酸が含まれている。
肌細胞に含まれる天然保湿因子NMFと相似しており、
コラーゲン生成を促進する。

作り方

1. 卵白を角が立つまで泡立てる。
2. 真珠パウダーを混ぜる。

使い方

1. 寝る前に、ぬるま湯で洗顔した後、顔全体に薄くのばす。
2. 自然に乾かしてから、そのまま寝る。
3. 翌朝、ぬるま湯できれいに洗い流す。

※オイリースキン▶週に2回が目安
ドライスキン▶月に3～4回が目安
ノーマルスキン▶週に1回が目安

※シワによい美肌ドリンク▶p.76

「シミ」には種類がある

そんなこんなでできてしまったシミを、少しでも目立たなくするために、また、これ以上シミをつくらないようにするために、心がけたいことがいくつかあります。でもその前に、シミといっても種類があることを知っておきましょう。

1. 肝斑《かんぱん》

顔にできたシミを肝臓の色に似ていることから肝斑という。このシミはポツンとではなく広い面積をもって、両頬や鼻の下、額あたりにできるのが特徴。それは、紫外線から皮膚を守る役目を果たすメラニン色素がどんどんつくられていくため。新陳代謝が活発な若いころは肝斑は現れないが、30代ころから発症がみられるので、若いうちから紫外線予防をしておくことが大切だ。

2. 炎症後の色素沈着

にきび跡、虫刺され、湿疹、ナイロンタオルやフェーシャルブラシで傷ついた跡など、炎症が起こった後にできるシミを「肝斑」と区別して炎症後色素沈着と呼んでいる。

3. 老人性色素斑

頬やこめかみなど紫外線の影響を受けやすいところにできる丸い褐色のシミを「老人性色素斑」という。そばかすよりも大きめで、早い人は25歳くらいから現れる。

シミケア
care

シミ予防対策

❶ 紫外線対策をする

外出のときには必ず日焼け止め化粧品を使って紫外線対策を。日焼け止め化粧品には、紫外線が肌の内部に届くのを防ぐ成分が配合されている。女性は生理前に黄体ホルモンの分泌が増えるので、この時期にはメラニン色素が発生しやすくなる。だから生理前は普段より念入りに紫外線対策をしてほしい。

❷ 規則正しい生活をする

寝不足になったり、ストレスを抱えたりすると、女性はホルモンバランスが崩れ、メラニン色素の分泌量が増える。また、肥満体質ほどメラニン色素が分泌されやすくなる。だから、寝不足にならないような規則正しい生活をして、適度な運動を心がけてほしい。

❸ ビタミンCを摂取する

ビタミンCは体内の活性酸素を破壊する抗酸化物質のひとつ。ビタミンCを摂取することにより、メラノサイトの動きを止めることができる。

❹ メイクはきちんと落とす

ファンデーションなどに含まれている化学成分は、皮膚に刺激を与えることが多いので、メイクは必ずきちんと落とすこと。

❸ βカロチンを摂取する

βカロチンには細胞内で活性酸素を除去する働きがあるため、活性酸素の害から肌の細胞を守ることができる。βカロチンを多く含んだものとして、「人参」と「ほうれん草」がある。嫌いな人は市販の野菜ジュースを利用することもひとつの方法だ。

❸ 亜鉛を摂取する

亜鉛にはたんぱく質を合成し、細胞の新陳代謝を促す働きがある。亜鉛を摂取することにより、肌の新陳代謝がたかまり、シミができにくくなる。亜鉛を多く含んだ野菜としては、「人参」、「ほうれん草」、「かぼちゃ」、「にら」がある。

◎シミがひどいときはお医者さんにみてもらう

もし、シミがとてもひどいときで、胃腸の調子が悪い、生理不順、不眠症、口が渇くなどの症状がある人は、病気の可能性があるので、お医者さんにみてもらうほうがいいでしょう。

シミ対策
［卵白パック］

こんな人に使ってほしい
美白を望む人、シミを目立たなくしたい人

材料

卵白 1個分、蜂蜜 20g

卵白：卵白に含まれるたんぱく質には必須アミノ酸、ビタミン類、ミネラルが含まれていて、肌に潤いを与える効果がある。また、泡立てた後は粒子が細かくなるので付着力、吸着力が増す。
蜂蜜：乳酸、りんご酸、ゴム質、蝋質、アセチルコリン、ビタミンB群を含み、保湿性、収れん性、抗炎作用に優れている。

作り方

1. 卵白を角が立つまで泡立てる。
2. 蜂蜜を加え滑らかになるまで混ぜる。
3. 髪の生え際、眉毛、目の周りをさけた顔全体に、のどからの順序で、まんべんなくのばす。
4. 20〜30分そのままにして8分どおり乾いたら、ぬるま湯でしっかりと洗い流す。

※オイリースキン▶週に2回が目安
ドライスキン▶月に3〜4回が目安
ノーマルスキン▶週に1回が目安

※シミ予防美肌ドリンク▶p.77

パックで冷房と乾燥に強くなる

[当帰保湿パック]

材料

当帰《とうき》粉 9g、甘草《かんぞう》粉 3g、白菖《びゃくしょう》粉 9g、卵黄 1個
ターメリック 3g、蒸留水 10cc(必要に応じて)

作り方

1. すべての粉を均一になるように混ぜる。
2. 卵黄と1をしっかり混ぜ合わせる。
(混ざりにくいときは蒸留水を加える)

使い方

1. 洗顔後、髪の生え際と眉毛の部分を除いた顔全体に、のどからの順序で、まんべんなくのばす。
2. 20〜30分そのままにして8分どおり乾いてきたら軽く取り除き、ぬるま湯できれいに洗い流す。

※オイリースキン▶週に2回が目安
ドライスキン▶月に3〜4回が目安
ノーマルスキン▶週に1回が目安

うっかり日焼けをパックでケア
［緑茶パック］

材料

緑茶粉8g、白笈《びゃくきゅう》粉8g、卵白1個
蒸留水10cc

作り方

1. 緑茶粉と白笈粉をよく混ぜる。
2. 1を蒸留水と卵白でしっかり練り合わせる。

使い方

1. 洗顔後、髪の生え際と眉毛の部分を除いた顔全体に、のどからの順序で、まんべんなくのばす。
2. 20～30分そのままにして8分どおり乾いてきたら軽く取り除き、ぬるま湯できれいに洗い流す。

※日焼けしたなと思ったらすぐにケアを！
※うっかり日焼け漢方ドリンク▶p.82

36歳から49歳

~自分の中から美肌を引きだす知恵を持つ時期~

お肌の状態
skin

肌の老化が進み、皮膚細胞の再生が遅くなり、約40日もかかるようになります。色素沈着がむらのない肌にシミを残すようになります。皮膚細胞が水分を保つことができなくなり、角質層はさらに厚くなります。

また、脂肪の分散により、頬やあごにたるみがでてきます。エストロゲンの生産が急激に減少し、同時に皮脂も失われ始めます。肌の保湿ができなくなるため、乾燥肌になったりします。表情ジワは、ますます深くなっていきます。

そして、太陽光線の蓄積の結果が、黒っぽいシミになって現れることもあります。また、白髪が目立ってくるのもこの時期です。

age36~49

ケアのポイント
care

化粧前、化粧後の顔があきらかに違って見えてくる時期。肌にハリがなく、くすみもあるし、シミが知らず知らずのうちにでき、シワも深くなってきます。そして、なによりも輪郭がぼやけてきているように思え、「今までとはぜんぜん違う！」という明らかな変化にとても戸惑う時期でもあります。

しかし、勇気をもって自分の本当の姿をきちんと見つめ、どこがどのように変化してきたのかを理解しましょう。そして、その変化に対応する、体の内と外からのケアを心がけましょう。

また、顔が衰えてきているということは、体も然り！　です。この時期にあきらめる人とあきらめない人では大きな差がでてくるのも事実です。

たるみやくすみのいちばんの原因は紫外線、加齢、疲労、睡眠不足です。この年代の女性は自分だけのゆったりとした時間を持つことも難しいかもしれませんが、紫外線や乾燥などの外的ストレスと、疲労や精神的なストレスで疲れている肌をリラックスさせる「自分へのいたわり」を心がけましょう。

お肌がたるむのはなぜ⁉

腕や足の筋肉と同じように、顔の筋肉もまた、歳をとるとともに低下していきます。この筋肉の衰えによって生じるのがたるみ。一度たるむと肌はどんどんたるんできて、顔がまるみを帯びてくるのが一般的です。

また、今はたるみのない人も、顔の筋肉が低下すると目やあごの下にたるみが現れてきます。

たるみケア
care

あごのたるみ

顔の中でも最もたるみやすいのがあご。皮下脂肪が厚いため、筋肉が衰えると支えきれなくなるのです。あごの筋肉は、食事やオシャベリなど、比較的多く使わているると思われがちですが、実は動かされている筋肉はごくわずか。自然に任せておけば、重力の法則にしたがいたるんでしまいます。

目の周りのたるみ

まぶたや目の下、皮下脂肪の厚くなっている頬なども注意したい場所。動かす度合いが少ないので、意識的に動かさないと筋肉は衰えていく一方です。

顔の体操でハリのある肌に

顔のたるみを予防する方法として、習慣にしてほしいのがマッサージ。
顔の体操で皮膚に軽い刺激を与えて血行を促進し、その上で水分補給（化粧水での保湿p.63参照）をしてあげるとかなり効果的。

まぶたが下がっている場合

❶まぶたの筋肉に神経を集中させながら、ゆっくりと目を閉じていき、完全に閉じる一歩手前で止める。

❷その状態で両方の眉を真上に引き上げる。上がりきった状態で5秒、そしてゆっくりともとの状態にもどす。

顔のラインがぼやけている場合

❶口を尖らせた状態で頬を思い切りつぼませる、そこで5秒。

❷ゆっくりと頬に空気をためていって、最大に膨らませた状態で、また5秒。

❸ゆっくりもとの顔にもどす。

頬がたるんでいる場合

❶唇を軽く閉じ、唇を吸い込むように口の中へ巻き込んでいく。その状態で下唇だけを下に伸ばして、5秒。

❷開いていた下唇をゆっくり閉じて、顔をもとにもどす。

二重あごが気になる場合

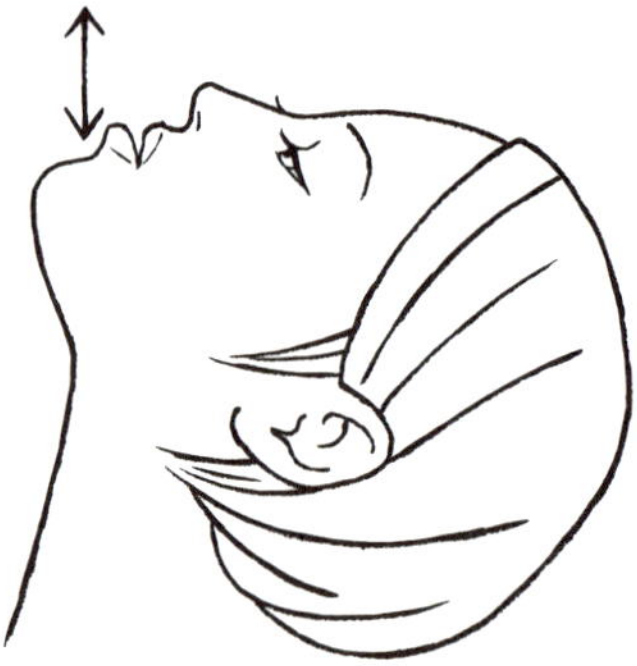

❶顔をゆっくりと上にあげ、天井と平行になるところで止める。唇を天井に向かって突きだし、5秒。

❷ゆっくりともとの顔にもどす。

◎すべて、1回につき3〜4度繰り返して。

パックで肌を引きしめる
［黒砂糖パック］

材料

黒砂糖 20g、水 20cc

作り方

1. 鍋に材料を入れて弱火で軽くとろみがつくまで煮詰める。
2. 大きな泡が立ったら火を止める。
3. そのまま冷ます。

使い方

1. 入浴中、入浴後、もしくは洗顔後の肌に薄く塗る。
2. 5分後ぬるま湯でこすらずに洗い流す。

※洗顔後に蒸しタオルをあてて、毛穴を開かせてから、
パックをするのがおすすめ。

※オイリースキン▶週に2回が目安
ドライスキン▶月に3～4回が目安
ノーマルスキン▶週に1回が目安

髪と腎機能の関係

髪の毛の状態は、全身の栄養状態と老化のレベルを反映しています。中医学ではとくに毛髪の状態と、腎系統との関連性を強調しています。「腎の華は髪の毛にある」という説があり、髪の毛の色、つや、弾力などは、腎精を養うことで保たれるのだといわれています。つまり、腎機能が健全であれば、髪の毛の成長も速いということです。

老化過程において腎の働きは、非常に大きな作用を示します。人間の幼年期で腎機能は充実し始め、髪の毛は速くのびてきます。女性の20代の時期は腎の働きがもっとも盛んになり、髪の毛の成長も最盛期になります。30代後半以降に老化が始まると腎の働きが弱くなり、髪の毛も抜け始め、白髪が多くなってきます。髪の毛の活動が腎の活動と密接に関連しているということがわかるはずです。

腎精が充実すれば、髪の毛の発育は正常になり、髪はつやつやと柔らかく滑らかなります。腎精が不足すれば、髪の毛は抜けやすくばさばさしてつやがなくなります。中医学での髪の毛を美しくするための一番のポイントは「補腎」だということです。

髪と血液の関係

また、髪の毛の栄養分は血によって補給されるので「髪は血余である」ともいわれています。体内に血を貯蓄し、流量を調節する重要な器官は肝で、また、肝は気のめぐりと精神活動も調節する役割があるため、肝の働きも髪の毛の質に影響を与えています。

それ以外に、気（体内のエネルギーと新陳代謝の能力）も髪の毛の質と潤いに影響を与えています。中医学には、肺は「薫肌、充身、沢毛（肌に潤い、体を強く、髪の毛のつやをだす）」の働きがあるという考えがあります。肺は気をつかさどる機能があるので、肺の機能が弱くなると、髪の毛がばさばさになってしまう。だから、肺の機能を活性化させて気のめぐりをよくすることが重要になるのです。化粧品や、染髪料だけに頼るのではなく、内面から美しい髪をつくりましょう！（五臓とはp.67参照）

1. 煎り胡桃《くるみ》

胡桃には、髪の毛を健康な状態に戻す作用がある。

作り方

胡桃300グラムと塩少々をフライパンで弱火で炒める。
表面に焦げ目がついたら火をとめる。
おやつ代わりに食べる。

2. 黒大豆

黒大豆は血液をきれいにする。

胡桃と同じように乾煎りしておやつ代わりに食べる。

くすみの原因

目や口の周りがカサついたり、ツヤがなくなってきた▼水分不足（P.63参照）

肌の角質の水分が不足すると、角質がめくれあがり、光を乱反射するので、肌がくすんで見える。

日焼けしたままの肌で色が黒くなっている▼メラニンの沈着（P.48参照）

角質のターンオーバーを正常に整えて、メラニンを排出して、もとの自然の素肌にもどさない限り、くすみが続く。

顔色が悪い、目の下にクマができる▼血行不良（P.40参照）

血行が悪くなると、肌に必要な栄養がすみずみまで運ばれなくなると同時に、老廃物もうまく排泄できず、血液の色が暗くなり、肌の色にも影響する。

肌がカサついたり、ゴワついたり、肌が固くなったような感じになる▼皮膚細胞の再生不良（P.62参照）

皮膚細胞の再生のサイクルが乱れ、古い角質がはがれず、分厚くなってきたためにくすみが起こる。

落としたつもりでもメイクが残っている▼洗顔不充分（P.26参照）

メイクなどの汚れや、睡眠中に肌の内部からでた皮脂などが落としきれず残り、肌の透明感が失われ、くすんだ状態になってしまう。

くすみケア
care

ツボでくすみ解消▶p.91

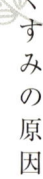

楊さちこ式
足浴で血行促進

この足浴法は、お湯の量や、中に入れるものをいろいろ試した後に
「コレが一番気持ちいい!」とおすすめする方法。

用意するもの

ひざ下までつかるぐらいの容器（わたしは、ゴミ箱で代用している）
お湯　あら塩ひとつかみ　皮つき生姜 薄切り10枚
バスタオル 2枚　飲み水 2杯

方法

1. ベッド、もしくはソファに座り、容器に我慢できるぎりぎりの熱さのお湯をひざ下くらいまで入れる（普通の足浴はお湯に足首までしか浸からないのだが、ひざした近くまでつかることにより、ふくらはぎにあるいろいろなツボも刺激されるので、効果が倍増する）
2. あら塩と生姜を入れる（からだを温める効果のある材料をいれることにより、足浴後のポカポカ状態を永く保つことができる）

3. 水をコップ一杯飲む（新陳代謝を促進、発汗を促す）
4. 頭からすっぽりとバスタオルをかぶる（頭からすっぽりとバスタオルをかぶることにより、ただの足浴が、全身サウナに入った状態にまでなる）
5. 足浴時間（足浴後にすぐに眠りに入りたい人は、15分以下、リフレッシュしたい人は、15分以上。足浴は短ければ、新陳代謝を促進する。長くなれば、新陳代謝の促進とともに体が覚醒して元気一杯になる）
6. 足をお湯からだしたらすぐに、もう一枚のタオルで足を包む（足が外気に当たると、急激にその部分の温度が冷えるので、足浴の効果半減）
7. タオルをそのままにした状態でソファかベッドに横になる（お湯で温めたのは、足の部分だけなのだが、その温かさが全身にまでいき渡るように横になる。最低10分はそのままの状態でいてほしい）
8. もう一度水を飲む（体全体が温まったのを実感したら、水を一杯飲んで、体に水分を補給する）

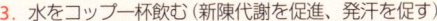

古い角質を排除する

肌に蓄積した古い角質は、通常の洗顔ではなかなか落ちない。角質を落とす専用のマッサージ剤を使うか、週に1〜2回のパックをするのもおすすめです。

角質ケア
care

黄土クレヨンパック

黄土《おうど》は、韓国で古く美容と健康に愛用されてきた天然素材。一見ただの黄色い土ですが、スプーン1杯の黄土には2億以上もの微生物が含まれ、その力が美容や健康、リラクゼーションなどに利用されてきた。「黄土《おうど》クレヨンパック」は、手のひらにすっぽり収まるクレヨンパック1個に、なんと14kg分の黄土のエッセンスがギュッと詰っています。水に浸したクレヨンを顔全体に塗れば、黄土の収縮効果で毛穴がパッと開き、洗い流せば、開いた毛穴の奥の汚れまできれいに落とせます。しかも、洗顔後の肌には水分がたっぷり含まれるので、毛穴がキュッと引き締まり、さわるとなんともいえないモチモチ感が。
週1〜2回のパックはもちろん、日常のポイントケアにも大活躍。シミやシワの気になる部分に、サッとクレヨンをなぞるだけでもOK。持ち運びに便利なので、いつでもどこでも使えます。朝昼晩、おウチでも会社でも旅先でも、気になるところにサッと描くだけ。楽しくって、しかもきれいになれる天然成分100%の韓国コスメです。

養顔の素

これは肌うんち（9種のゴミ）を取り除くために開発されたマッサージクリーム。顔に肌うんちが長年蓄積されていくと、血行やリンパの流れが悪くなり、顔の筋肉が衰えたり、肌の新陳代謝が活発に働かなくなり、たるみとむくみ、くすみはもちろんのこと、吹き出物、にきび、シミ、シワなどができやすい肌になってしまう。肌うんちを取ると、肌は信じられないくらい蘇る。肌うんちとは?

❶からだの外から発生する「肌うんち」
大気中に存在する重金属や病原菌、ほこり、ちりなど。

❷からだの内から発生する「肌うんち」
塩分（汗）、毛穴からでてきた皮脂、化粧カス、汗腺から汗と一緒にでてきた古くなった細胞、古くなった角質。

※上記の商品は通販で購入可（p.112参照）

肌に水分を補給する

肌がかさつくと表皮角質細胞がめくれ上がり、そこに光が乱反射してくすんで見えるようになるのです。保湿効果の高い化粧品を使って常に潤いを保つようにしましょう。

肌に水分を補給したいときの化粧水使いのワザ

化粧水を使うときには、必ずコットンを使ってほしい。そのときには、コットン2枚を重ねてその2枚が十分湿るくらいに化粧水をしみこませる。そして顔の下から上に、内から外に向けて、コットンの水分がなくなるまで、優しくなでるように使う。その上で、たっぷり化粧水をしみこませたコットン3枚くらいを薄くはいで（1枚を3枚にして）顔全体を覆うようにのせる、つまりコットンでパックする。10分くらいおいてからコットンを取り除き、手のひらで顔全体を覆うようにして、肌表面の水分をきちんと肌に浸透させたあと、クリームを塗る。

水分補給
care

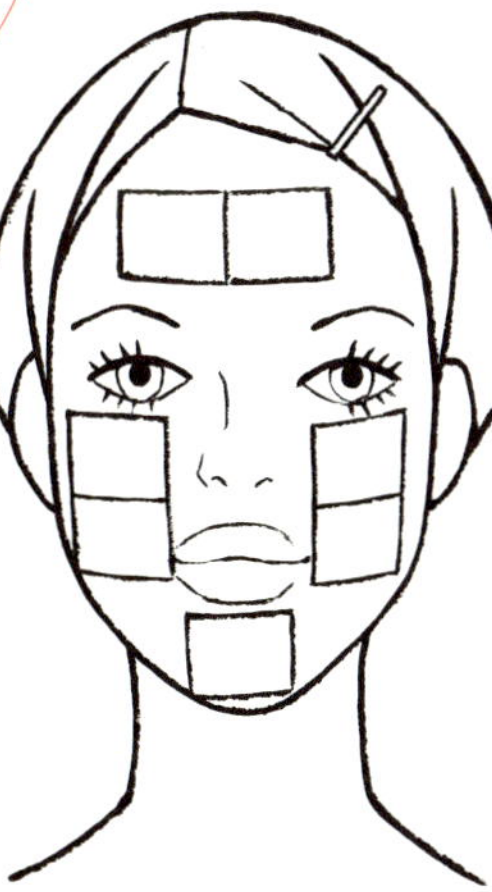

食生活で心がけること

この年代で必要なのは、良質なたんぱく質。たんぱく質は、肌や髪の細胞のもとであるだけでなく、筋肉、骨などを構成しています。また、肌の健康を保つために必要不可欠な血液、ホルモン、神経伝達物質、免疫をたかめる働きという生理的調節や代謝調節を行なう重要な栄養素です。たんぱく質が不足すると、肌がたるんだり、くすんだりという老化の原因にもなってしまうのです。

たんぱく質は動物と植物から摂取することができますが、肉や魚、牛乳などの動物性食品は、穀類や芋などの植物性食品より、多くのたんぱく質を含んでいるので良質です。また、栄養価も動物性たんぱく質の方がたかいです。

それならば動物性たんぱく質だけをとっておけばよさそうですが、これはおすすめできません。肉類は食べすぎると脂肪分のとりすぎになってしまいます。脂肪は細胞膜を維持するのに重要な役割をはたしますが、高カロリーであるため、過剰な動物性たんぱく質の摂取は動脈硬化や心臓病などを引き起こしかねません。

そこで、おすすめなのが、豆腐。植物性たんぱく質のなかでも大豆のたんぱく質は、動物性と同様に栄養価がたかい（大豆を「畑の肉」というのはこのため）ことが知られています。糖質や脂質は余った分を体に蓄えておけますが、たんぱく質はできません。つまり、たんぱく質は、食べだめをすることが不可能なので、毎日しっかりとる必要があります。

食事ケア
care

第3章

——心と体の中から肌を潤す

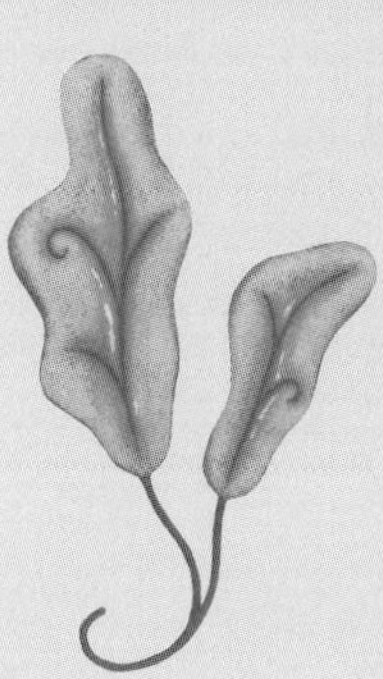

chapter 3

肌は「内臓の鏡」

肌の美しさは、内と外からつくられる！　ことは、繰り返しいってますが、体の内部が健康ということは、体そのものと精神の状態も良好を保つということです。精神状態がよいと、肌のコンディションもよいというふうに、心身の健康は肌の状態と表裏一体です。

中医学では、万物を陰と陽、または表と裏の概念で捉え、物事すべてに表と裏があり、この表裏があって初めてひとつのものが成り立つと考えています。

たとえば、ふきでものと便秘。ふきでものができている人は便秘がちの人が多い。薬を塗ってふきでものを一時的に治したとしても、その便秘の原因を解決しないと、ふきでものからは縁が切れません。内臓の調子を整えることで初めて問題が解決するのです。

ですから、美しい肌を育てていくためには、心と体の健康バランスがとても大切になってくるのです。中医学の理論では、人の感情を「七情」、体の内臓を「五臓」とし、感情のたかぶりは即、内臓のバランスに影響を与えると考えます。真の美肌を願うのであれば、心と体との関係を知っておくとよいでしょう。

❖五臓とは❖

中医学の理論で、肌が内臓と密接な関係を持つことを「肌は内臓の鏡」といいます。
ここでいう「内臓」とは、「肝・心・脾・肺・腎」の「五臓」で、
これは西洋医学の心臓や肝臓とはかならずしも一致しない考え方です。

肝《かん》	中医学でいう「肝」は、主に自律神経のことであるが、眼の働きとも関係している。
心《しん》	心臓、血液循環、小腸の働きと関係するのに加え、「こころ」とも関係し、精神をもつかさどる。
脾《ひ》	西洋医学でいう「脾臓」とは異なり、胃腸のような消化吸収に関する働きを担っているものの総体をさす。「脾」が傷つくと下痢や便秘、肥満などになる。
肺《はい》	呼吸をつかさどるという西洋医学の「肺」の機能に加えて、水分代謝や、皮膚の状態とも深い関係がある。
腎《じん》	西洋医学でいう「腎臓」と混同されがちだが、「腎は、①食べ物や呼吸により体の中に取り入れて、各臓器で作られたエネルギーを蓄える。②骨の発育、③水分代謝、④息を吸うこと（中医学では息を吸うのを「腎」がつかさどり、息を吐くのを「肺」がつかさどると考える）、⑤排尿や排便の調整、⑥耳、⑦髪など、人間が生きる上で必要な生命力をつかさどる。

五臓が乱れた場合どんな症状が現れるのか、肌にはどんな影響があるのでしょうか。　ストレスで「肝」系統が弱くなると、「脾」が影響を受けて胃腸の調子が悪くなったりと、五臓それぞれが相生と抑制のバランスを保っています。

首から上の皮膚の状態は、その人の内臓の状態をよく映しだしていて、これだけはどんな人でもごまかすことができません。本当にいつまでも若々しく、肌に潤いのある状態を保ちたいのであれば、内臓をつねに健康にしておくことが大切になります。自分の体の状態、肌の状態を知り、毎日の食事に積極的にとり入れる食べ物を見つけましょう。

肝
かん

「肝」系統にトラブルが生じると、精神状態が不安定になったり、疲れ目、かすみ目になることが多い。肝臓の働きが衰えているため、脂肪の代謝が悪く、太りがちに。また、爪につやがなくなったり、割れやすくなったりする。

肌の状態チェック

肌色は蒼白、爪の光沢がなく割れやすい
シミ、たるみ、にきびなどができやすい

おすすめの食べ物

レバー、ナッツ、竜眼肉、枸杞《くこ》、朝鮮人参、菊花、
薄荷《はっか》、羊の肉、木耳

心

しん

心臓の働きが弱くなり、血液の代謝が悪くなると、下半身がむくみやすくなる。気血が不足すると肌を潤すことができなくなり、顔色が蒼白になってつやがなくなる。中医学では「心の花は顔に咲いている」といわれるとおり、いきいきと血色のいい顔色は「心」の状態にかかわっている。

肌の状態チェック

肌がかさかさ、化粧のノリが悪い、化粧崩れが激しくなる
血液の流れが悪くなり、顔色は蒼白になって光沢がない

おすすめの食べ物

竜眼肉、棗《なつめ》、蓮の実、百合根、陳皮《ちんぴ》、菊花、
ターメリック、ゴボウ、セロリ

脾《ひ》

「脾胃」は、中医学では、消化吸収機能と密接に関連づけられている。消化吸収機能が衰えれば、肌、唇、爪などが蒼白になり、体もやせる。中にはむくみのでる人も。そして老化のスピードがアップしてくる。

肌の状態チェック

顔面蒼白または黄色っぽい、つやがない
痩せてむくむ、湿疹ができやすい

おすすめの食べ物

朝鮮人参、棗《なつめ》、山薬、山椒《さんしょう》、もち米、小豆、枸杞、
松の実、山芋

肺

はい

肺の機能が衰えると、アレルギーやアトピーを起こしやすくなる。皮膚に潤いがなく乾燥してくる。中医学では「肺は皮毛をつかさどる」という説があり、肌に一番影響を与える内臓。肌のバリア機能や肌に栄養を送る気力は肺系統に関連している。肺系統が衰弱すると、十分な栄養が得られない肌は潤いをなくす。

肌の状態チェック

肌がかさかさ、つやがない、汗をかきやすい
にきび・じんましんができやすい

おすすめの食べ物

朝鮮人参、人参、杏、松の実、百合根、梨、
枇杷《びわ》、銀杏《ぎんなん》、にんにく、ピーマン

腎

じん

「腎」系統は泌尿器系の機能だけでなく、生殖、発育をつかさどり、老化のプロセスにかかわる大変重要な器官。腎が弱ると、老化のスピードが速くなり、肌にはシミやシワが増える。

肌の状態チェック

シワが多い、たるみ、シミ、抜け毛、白髪、など

おすすめの食べ物

黒ゴマ、胡桃、桑の実、にら、海老、牡蠣《かき》、羊の肉、枸杞、すっぽん、あさり

心身のバランス「気・血・水」を整える

美肌をつくり、それを維持するためには、化粧品などで表面的なケアをするだけではなく、体の中からのケアがとても大切です。内臓を強くしてバランスをとりもどすなど、体質そのものの調整や改善にとり組みましょう！　これが「体の中から肌を潤す」ための理論です。

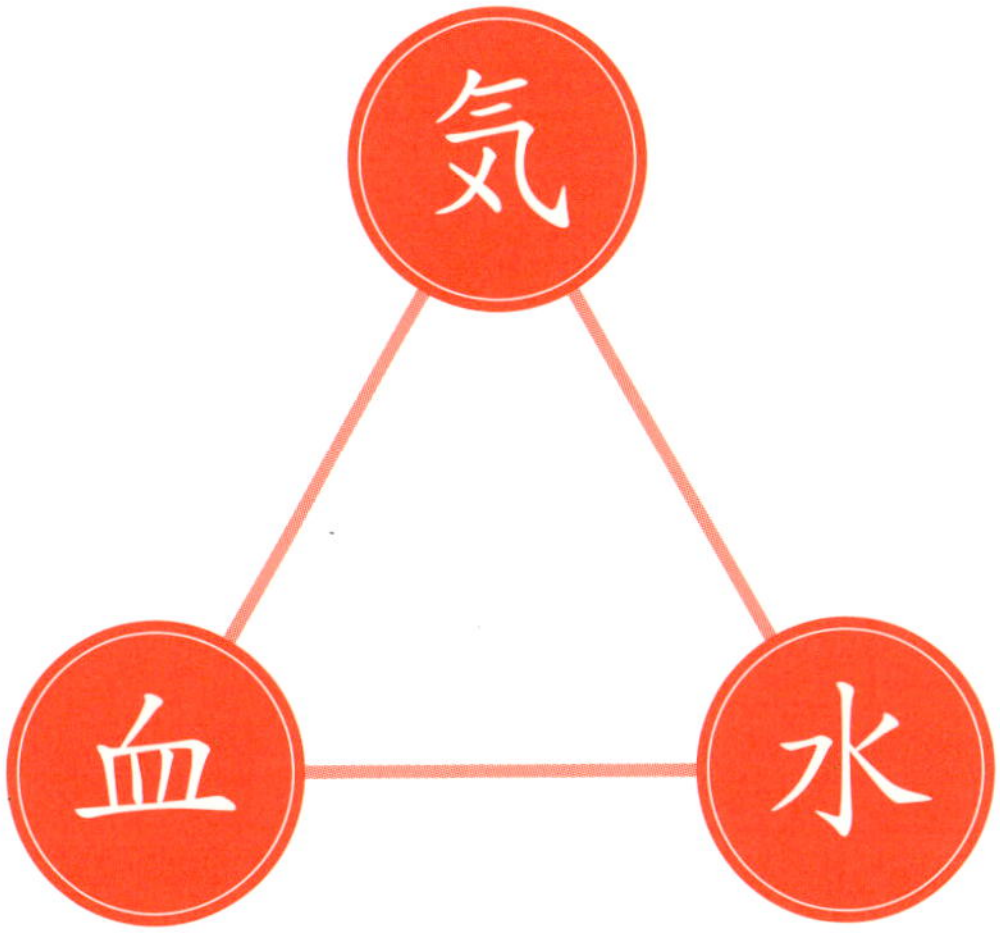

気・血・水の3つの要素は美しく健康であるために必要な人間の総合エネルギー。健康な人は、年齢に関係なく「気・血・水」のバランスが整っています。この3つのうちどれかひとつでも不足したり、過剰になったりするとバランスを崩してしまいます。

『気』は、人間が生きていく上での生命エネルギーのこと。気が充実していると、やる気がでて、いきいきした元気な状態を保ちます。
気は、神経を正常に保ち、ホルモンを活性化し、免疫力をたかめる「自己回復力」をコントロールしています。気が不足すると 無気力、風邪をひきやすい、老化が進む、疲れやすい（肌が疲れている）などの症状が現れてきます。気はストレスに左右されやすいので、溜めないようにすることが大切です。

『血』は血液のこと。体中に酸素と栄養分を運んでいます。血の流れがスムーズな状態であれば、新陳代謝が正常に行なわれるので、血色がよく、シミやくすみのない明るいお肌を保てます。
逆に、血が滞るとシミができたり、顔色に冴えが見られなくなったり、肩こり、冷え性、生理不順の原因になります。とくに女性は血の効果を助ける補助食品をとるとよいでしょう。

『水』は体を潤す液体のこと。胃液や涙、汗、唾液など血液以外の全ての体液が当てはまります。
水の流れが円滑であれば、潤いのあるしっとりしたお肌を保ちます。水が多すぎたり不足したり、流れが滞ると、冷え性や身体のむくみがでてきます。また、水が不足すると 肌がカサついてあれてしまい、のぼせや身体のほてりの症状がでてきます。

心を現す七情

中医学では、喜ぶ、怒る、悩む、考える、悲しむ、驚く、恐れるという人の感情を「七情」と呼んでいます。人はこの感情の大部分を顔の筋肉の動きで表現しています。つまり、肌は顔のメッセンジャー。うれしいときには顔の皮膚はリラックスして笑顔をつくり、怒っているときには、顔の筋肉が緊張し血行が悪くなる。また、悩んでいるときは眉間にシワがより、怖いときは顔色が真っ青になってしまいます。このように人の感情は顔の肌に大きな影響を与えてしまうのです。中医学の理論では、この7つの感情はそれぞれに内臓（五臓）と結びついているといわれています。感情の高ぶりは、即、内臓のバランスに影響を与えることになります。例えば、驚きや恐れは、腎を傷め、悩みは脾を傷め、喜びすぎは心臓を、怒りは肝を、悲しみは肺を傷めるといわれています。この五臓が傷むと体のバランスが悪くなり、気の流れを妨げてしまうのです。そして、皮膚や髪に栄養がいきとどかなくなり、ストレスが溜まりすぎて白髪になったり、肌にシミやシワができたりします。また、心のストレスは安眠と熟睡にも深く関係しています。

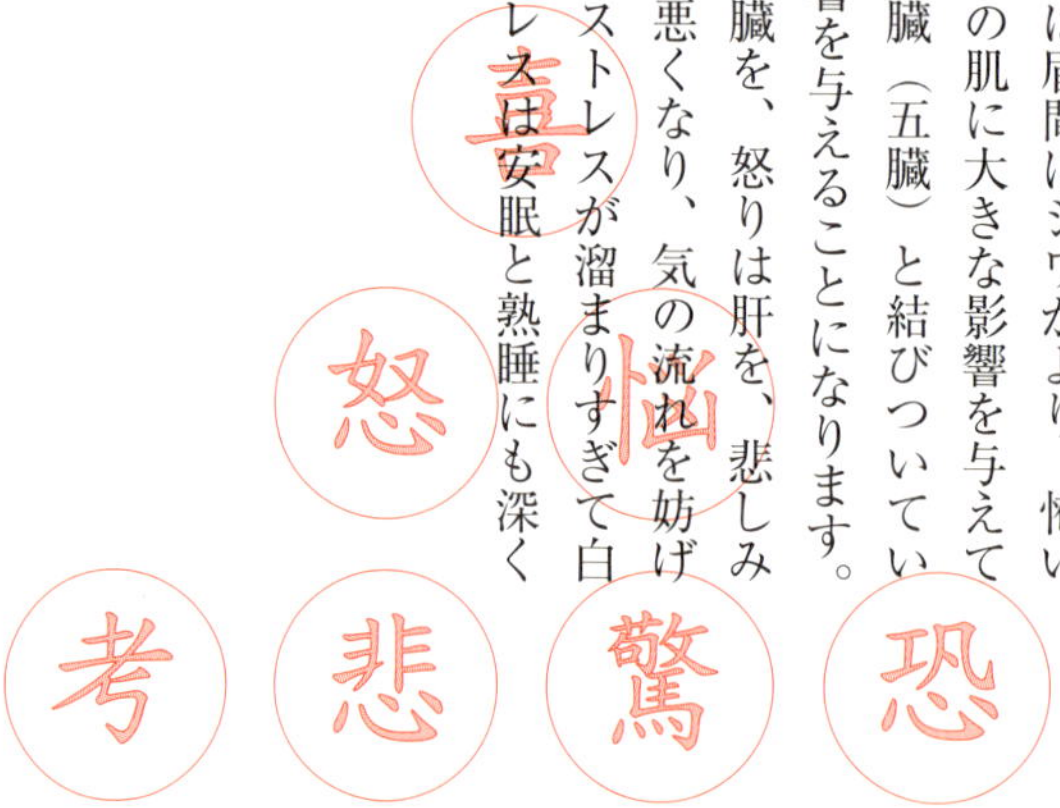

手のツボでストレス解消

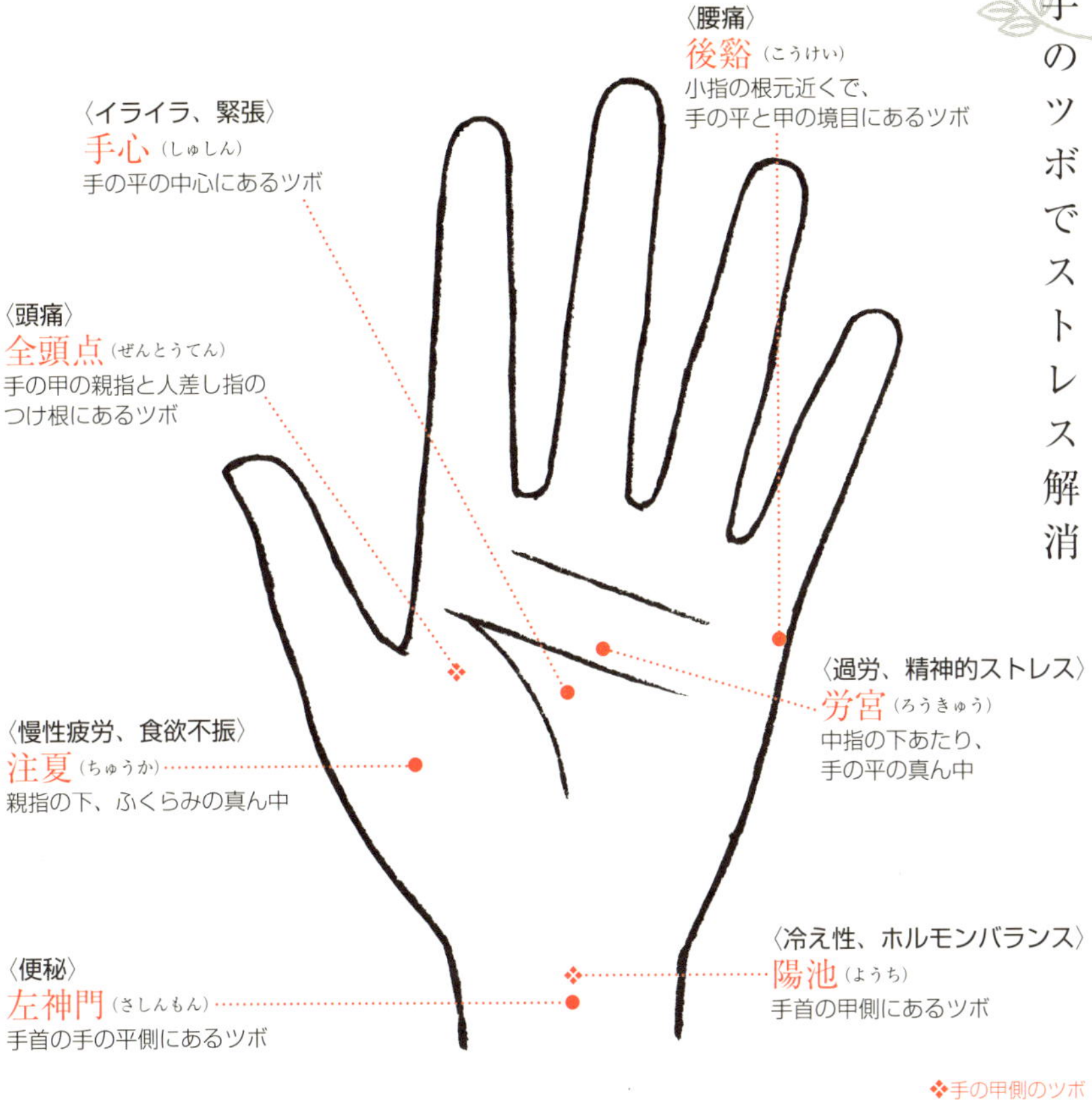

［手のツボマッサージ］

体のあちこちにあるツボは、反射によって内臓の働きを活発にして、肉体疲労の回復におおいに役立つ。しかし、中国の悠久の歴史に培われた中医学は、現在の複雑な社会状況を予測していたかのように、ストレスを取り除くツボまで用意してくれている。中医学では、意思や思考、感情といった心と身体機能を結びつけるときに関係のあるツボを「心包経《しんぽうけい》」と呼ぶ。その代表的なツボ「労宮」は、手の中指の下、手の平のちょうど真ん中付近にある。握りこぶしで中指の先が当たるところがそうだ。ストレスを取り除いてくれるだけでなく、だんだん緊張してきたときにここを押したり（両手とも）、もんだりするとストレス回避にもなる。手のツボを知っておくと、どこでも簡単にできるので、応急処置としても役に立つ。

美肌

手軽な材料でつくれる美肌ドリンク

体の内からストレス解消
「パパイヤミルクセーキ」

「パパイヤミルク」に卵をプラスしただけのドリンクがお役立ち。パパイヤや卵は、ストレスで弱った肝臓の働きを助けてくれるし、ミルクのカルシウムはイライラ解消に効果がある。

材料

皮をむき種を除いたパパイヤ4分の1
ミルク 200cc
卵1個、蜂蜜大匙 1杯

作り方

全部一緒にミキサーにかける。ストレスが溜まっているなと感じたときにゆっくりと飲んでほしい。

体の内からシワ予防
「梨ミルク」

梨に含まれる脂溶性ビタミンの量はほかの果物よりも多く、吸収されやすい。また、動脈硬化を予防する働きのある不飽和脂肪酸、必須脂肪酸も多く含まれている。そして、食物繊維、ミネラルも多いので、アンチエイジに優れた果物といえる。

材料

洋梨1個
蜂蜜適量
牛乳適量

作り方

1. 皮をむいて種を取った梨をジューサーにかける。
2. 牛乳と蜂蜜を混ぜる。

※朝食時に飲むのがいちばんおすすめ

美肌

にきび・ふきでものにいい

「バナナヨーグルト」

材料

バナナ 1本、プレーンヨーグルト 1カップ、
蜂蜜適量、きな粉適量、牛乳 100cc

作り方

全部の材料をミキサーにかける。

※ビタミンB2、B6が不足すると肌が脂っぽくなりにきびなどができやすくなる。
乳酸菌や食物繊維を多くとり、便秘にならないようにするのも大切。

シミ予防

「パイナップル豆乳ドリンク」

材料

パイナップル 200g、豆乳 200cc、蜂蜜適量

作り方

全部の材料をミキサーにかける。

※抗酸化物質の強いビタミンと豆乳のイソフラボンが活性酸素の働きを抑える。

美肌

女性ホルモンのバランスをとる

「ゴマ・きな粉・豆乳ドリンク」

材料

練りゴマ 小1〜2、豆乳 200cc、きな粉適量

作り方

材料をよく混ぜる。

※ 一日に必要なイソフラボンの量は40mg。豆乳なら200ccの分量。
毎日一杯の豆乳を飲むだけでも効果あります。

肌あれ・乾燥予防

「ジンジャー・シナモンミルクティー」

材料

紅茶 小1、皮つき生姜薄切り 2枚、シナモン1本
牛乳 200cc、黒糖適量、水 50cc

作り方

鍋に紅茶、水、生姜、シナモンを入れて、1分煮詰める。牛乳と黒糖を加え、さらに1分。茶こしで漉して飲む。

溜めない肌をつくる漢方ドリンク

漢方

体の内からの保湿

「保湿ドリンク」

昔から滋養強壮の薬として有名な「黄精」は、免疫機能をたかめ、病気に対する抵抗力を増強する働きがあることもわかっています。臓器を潤し、血液を増やしてきれいにしてくれる漢方薬、つまり、“体の内から始める美容”にとっての、いわば“飲む化粧品”ともいえます。老化を防ぎ、いつまでも若い肌を保つために常日頃から食べ続けることが一番大切。ただし、下痢している時とか、消化不良の時にはさけること。

材料 黄精 10g、水 400cc

作り方 鍋に黄精と水を入れて、約半量になるまで20〜30分煎じる。すると、半分くらいまで水がへるので、これを1日3回食前もしくは食後に飲む。

長く常用していると、見違えるように潤いのある肌になれる。

※黄精は、ユンケルなどのドリンク剤などには必ずといっていいほど含まれている成分です。漢方薬独特の臭みをもっていないので、いろんな料理に加えてもその料理の味を損なうこともありません。ドリンクを作るのが面倒な方は、スープなどに加えてもいいのでは。

疲労にもいい

「シミ取りドリンク」

材料

当帰《とうき》 15g、白術《びゃくじゅつ》 12g
柴胡《さいこ》 9g、炙甘草《しゃかんぞう》 6g
白芍《びゃくしゃく》 12g、生姜 三片
茯苓《ふくりん》 15g、薄荷《はっか》 6g、水 2000cc

作り方

1. すべての薬剤を2時間水につけておく。
2. 強火で沸騰させてから、水の量が4分の1になるまで弱火で煎じる。
3. 濾して飲む。

※2回分であるので、朝晩食後に飲む。10日間続けるのがひと目安。
※これは、シミをなくすだけでなく、疲れやすい人にもおすすめである。

体の内から外からもとを断つ

「塗ってもよしのスグレモノドリンク・羅漢果水」

材料
羅漢果《らかんか》 1個、水 2000cc

作り方
1. 羅漢果1個を手の平で粗く砕く。
2. 鍋に羅漢果と水を入れて、中火で約20分煎じる。
3. 火をとめて10分くらい置いて濾す。（消毒した瓶に入れて冷蔵庫で保存すれば、1ヶ月くらい保存できる）

使い方
1日に2，3回、コップ1杯を飲むことによって、体や肌のさまざまなトラブルや、ダイエットにきく。化粧水として肌に塗ることにより、シミ、にきび、湿疹、日焼け、肌あれに効果がある。

※羅漢果は、桂林付近の亜熱帯の山岳地帯でのみ育ち、活性酸素を取り除く物質であるビタミン類を果実の中に持っている。そして、生育地はもと海底というミネラルの多い土壌なので、活性酸素を取り除く酵素の生産を助けるミネラルをたくさん含んでいる。

目の疲労回復にいい

「目のクマ解決ドリンク」

材料
菊花 3g
プーアール茶葉 3g
熱湯 400cc

作り方
ポットに材料をすべて入れて5分蒸らす。

飲み方
お茶として飲む。

※お茶を飲み終わったあとの菊花を冷蔵庫で冷やし、お風呂上りに目の上にのせてアイマスクにするのが私は大好きだ。

漢方

体の中から体質改善

「白にきび・黒にきび対策ドリンク」

材料

桑白皮《そうはくひ》 4.5g、桔梗《ききょう》 4.5g、
地骨皮《じこつひ》 4.5g、炙甘草《しゃかんぞう》 4.5g
麦門冬《はくもんとう》 3g、黄精 3g
水 500cc

飲み方

1回で飲んでもいいが、1日2回に分けて空腹時に飲むとより効果的

作り方

1. すべての材料を鍋に入れ強火で10分間煮る。
2. 漉してスープを取る。

※これは、熱くてもぬるくてもかまわない。お茶代わりに飲む。
※下痢をしている人はダメ

にきびの炎症を防ぐには

「なかなかにきびが治らない人用デザートスープ」

材料

海帯《かいたい》、緑豆 各10g
甜杏仁《てんきょうにん》 9g、玫瑰花《ばら》 6g
水 500cc

飲み方

好みによって黒糖を入れる。スープとして飲む、玫瑰花以外の材料は食べること。

作り方

1. 玫瑰花は布袋に入れる。
2. 鍋にすべての材料を入れて沸騰させてから10分煮る。
3. 玫瑰花を取り除く。

※消炎解毒、清熱作用がある。
※毎日1回、1ヶ月くらい続けて飲む。

うっかり日焼けを飲んでケア

「肌回復ドリンク」

材料

虎杖《こじょう》 15g
蜂蜜適量
水 500cc

飲み方

朝昼晩食後に1杯飲む。好みによって蜂蜜を加える。

作り方

1. 鍋に虎杖と水を入れて30分煎じる。
2. 漉した後のスープを魔法瓶に入れる。
3. もう一度300ccの水を加えて煎じたものも魔法瓶に入れる。

※妊婦、下痢をしている人は飲んではいけません

美白をめざして

「そばかすドリンク」

材料

桑白皮《そうはくひ》、杏仁《あんにん》、大青葉、
生地、丹皮《たんぴ》、牛蒡子《ごぼうし》、
赤芍《せきしゃく》、各 9g
淡竹葉《たんちくよう》、通草《つうそう》、灯芯草《とうしんそう》、
蝉衣《しんい》、各2g、水 1000cc

飲み方

朝昼晩3回に分けて飲む。

作り方

1. すべての材料を鍋に入れて、沸騰させてから弱火にして30分煎じる。
2. 漉してスープを取り、魔法瓶に入れる。

※しばらくの間続ける

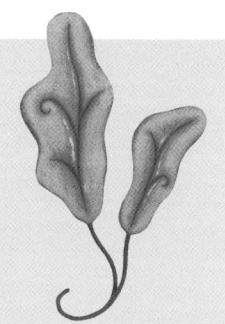

第4章

体の中からのクレンジングで溜めない素肌をつくる

chapter 4

ツボできれいになる

私たちは、お腹が痛ければお腹に手を当てたり、腰が痛ければ手でさすったりと、昔から無意識のうちに患部に手を当てるという動作、「手当て」を行なってきました。そして体の痛いところをさすったり押したりすると、痛みが取れたり、その痛みのもととなる病気を治療できるということに気がつき、その場所を「ツボ」として捉えるようになったのです。

中国5000年ともいわれる長い歴史の中で、「ツボ」に対しての理解は深まっていきました。そして全身にわたる「気・血・水」とその流れを経絡として発展させ、五行説や臓腑論を含みながらその概念が構築されていきました。

経絡とは体の各部をくまなく流れる、体内エネルギー（気・血・水《津液》）の通路です。主なものは14本あり、全身各部位を結んでいます。その経絡のライン上にあるのがツボ。つまりツボとツボを結んだ線でもあります。そして経絡は体内に深く入り臓腑と連絡していて、全身の機能を正常に調節する働きをするのです。ツボがスイッチだとすると、経絡は配線であり、臓腑が電球にあたると考えるとわかりやすいでしょう。

体には1000以上ものツボが存在し、病気や、痛みの効果的な治療点であると同時に診断点でもあります。一般的にツボには経絡に所属するツボ（経穴）と、経絡に所属しないで存在するツボ（奇穴）の2種類があります。

経絡やツボは東洋医学独特のもので、西洋医学ではその存在はいまだ確認できていないもの

ツボでケア
care

ですが、今や美容エステの世界でも経絡ツボマッサージは不可欠な存在になるほど、その効果は認められています。体の内からきれいになるためには、「気・血・水」の流れをコントロールすることも大切なポイントになります。ツボ押しは自分でできる「流れ」をケアする方法。老廃物を溜めず、血行を促し、代謝をたかめる効果があります。悩みを繰り返さない清らかな肌は、溜めない体に宿ります。

［体の前面を流れる経絡のイメージ図］
と
［体にある美顔のツボ］

関元（かんげん）
へそから指4本分下にある。気を補う効果がある強壮のツボで、肌のくすみに効く。
血海（けっかい）
膝の皿の内側から指3本分の上にある。肌の透明感を取り戻すツボで、くすみやクマに有効。
三陰交（さんいんこう）
内側のくるぶしから指4本分上にある。むくみを改善するツボで、気血の流れをよくしてくれる。顔の血行にもよい。
太衝（たいしょう）

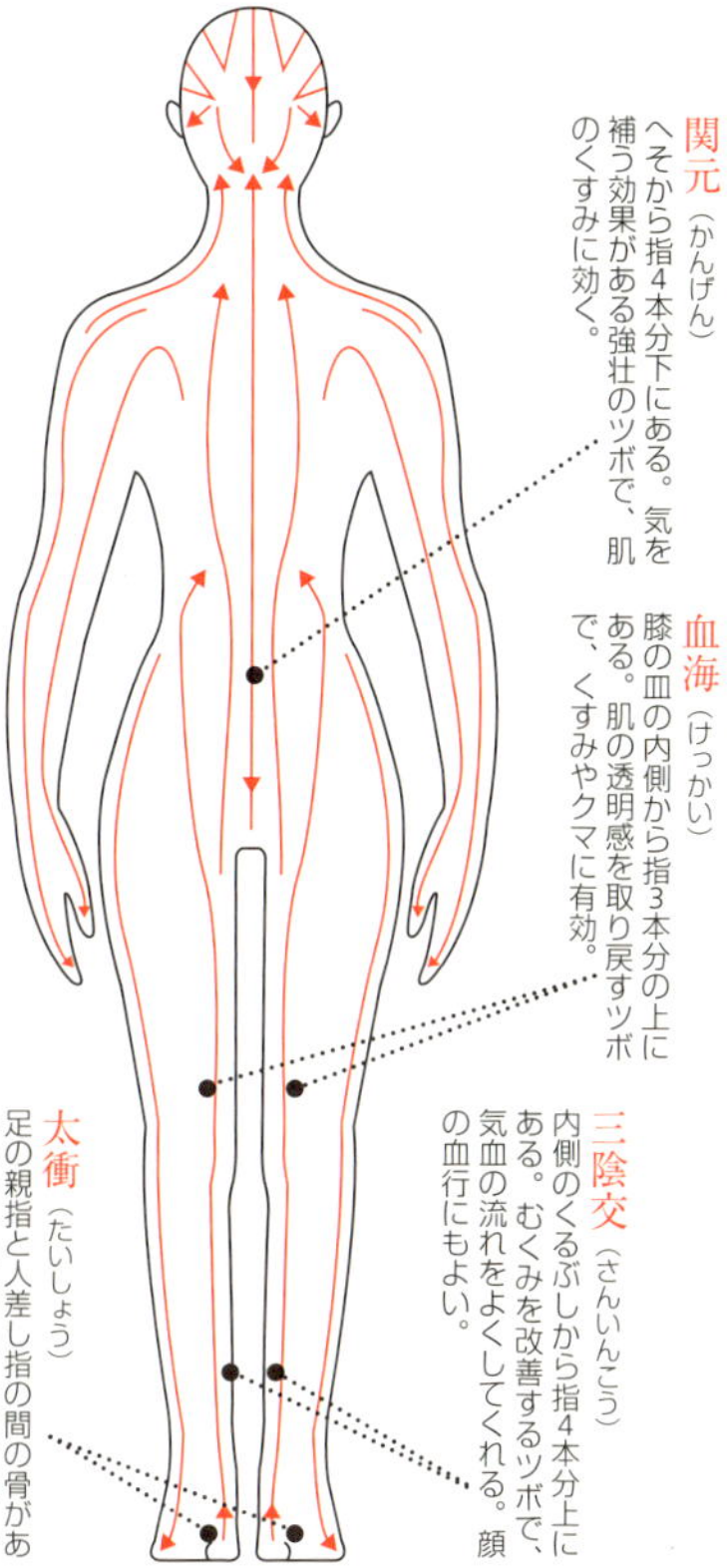
足の親指と人差し指の間の骨があたるところにある。美白に効く。

経絡の種類			
	肝経（かんけい）	胃経（いけい）	心包経（しんぽうけい）
	胆経（たんけい）	肺経（はいけい）	三焦経（さんしょうけい）
	心経（しんけい）	大腸経（だいちょうけい）	任脈（にんみゃく）
	小腸経（しょうちょうけい）	腎経（じんけい）	督脈（とくみゃく）
	脾経（ひけい）	膀胱経（ぼうこうけい）	

[ツボの取り方]

心や体にトラブルがある場合、ツボに反応が現れるので、反応の特徴を知ることが、効果的なツボ押しのポイントになります。「ツボを取る」とは、症状に反応するツボを決めることをいうのです。

ステップ1▶▶▶
症状に反応するツボ図を参考にツボの位置を見定める。

ステップ2▶▶▶
その位置を中心に人差し指、中指、薬指を揃えて、それぞれの指の腹で軽く押さえるような感覚で反応ポイントを探す。

ステップ3▶▶▶
次の3つのいずれかの反応があればそこがツボになる。

「圧痛」がある
ツボの周辺は軽く押さえると痛みがある。
○痛いけど、気持ちよさをともなうもの
○押すとよけいに痛みが強くなるもの
押すと痛みが増す場合に関しては、その局部が炎症を起こしていることもあるので注意してほしい。

「硬結」がある
ツボの周辺を押さえるとコリコリとしたしこりがある。

「押すとくぼみやすい」
ツボの周辺は押すと皮膚にハリがなく、指がくぼみに落ちるような感じがするところがある。

ツボマッサージは「離す」ときに効く!
ツボのマッサージは、押した指を離すときがポイント。このときに、滞っていた体内の水分や血液の流れがよみがえって、体が温まるというわけです。 押すときは、指の腹もしくは専用のツボ押しグッズでゆっくりとやさしくツボを押す。息を吐きながらツボのじーんとした感じを味わったら、今度は指をゆっくりと離す。そのときのじわ～っとした余韻が流れのよみがえった証拠です。

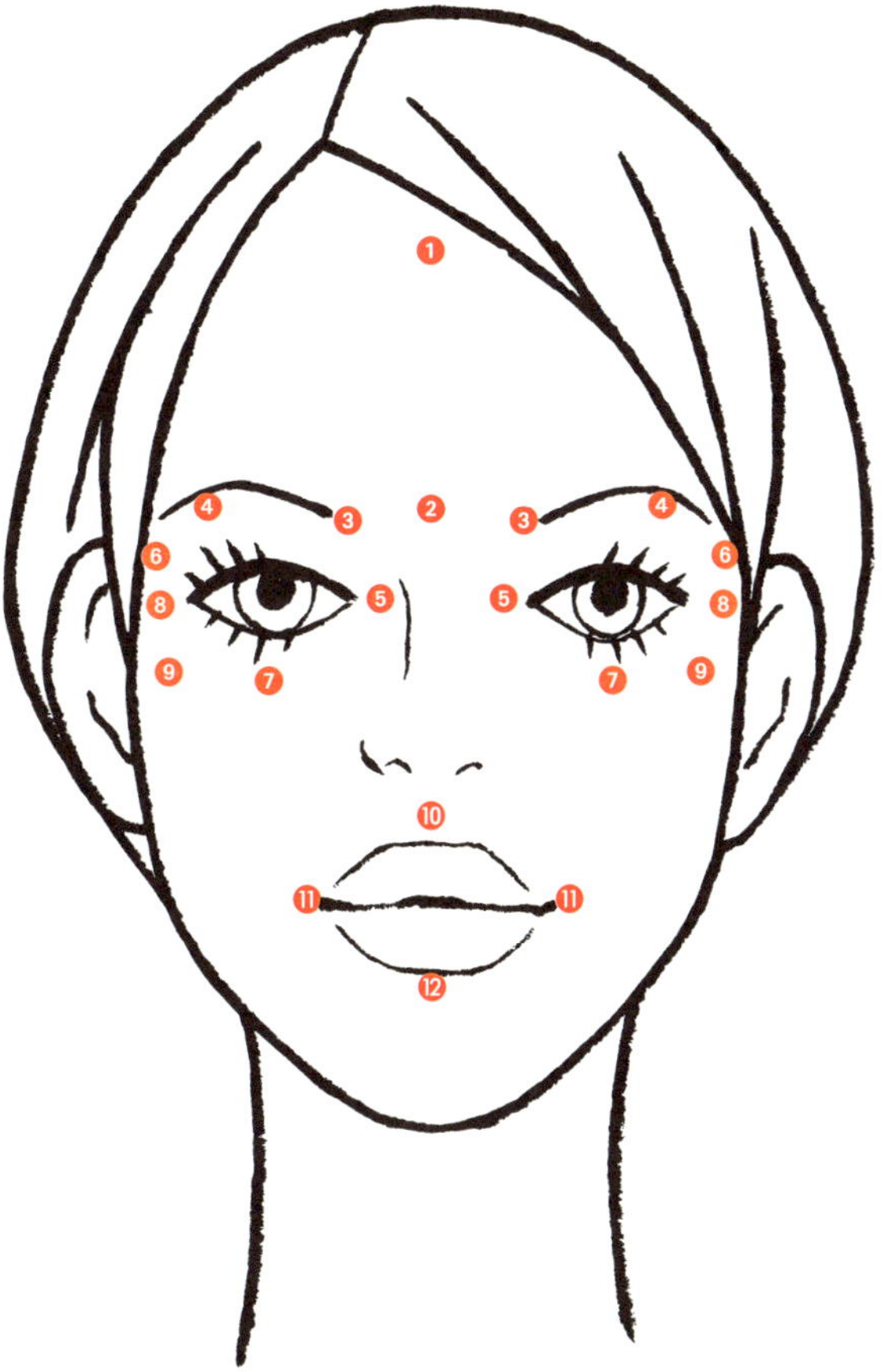

❶神庭（しんてい）…………心にかかわっているツボ。リラックスやシワに効果あり。
❷印堂（いんどう）…………頭をすっきりさせるツボ。
❸攅竹（さんちく）…………むくみ、頭痛、目の疲労など多くのツボ効果をもつ。
❹絲竹空（しちくくう）…シミや目じりのシワ予防に効果あるツボ。
❺睛明（せいめい）…………目の疲れ、シワ予防、また目周辺のたるみを防ぐ。
❻太陽（たいよう）…………にきびなどのふきでものに効果がある。
❼四白（しはく）……………顔のむくみ、シミ、シワ、くすみなど、多くに有効。
❽瞳子（どうし）りょう…目のクマ、目じりのシワ、にきびなどに効く。
❾下関（げかん）……………シミなどの色素沈着予防とくすみと肌の潤いによい。
❿水溝（すいこう）…………緊張感を緩和、むくみなどに効果あり。
⓫地倉（ちそう）……………疲労回復、肌のハリ、小ジワ予防などによい。
⓬承（しょう）しょう………顔のむくみ、血行を促す効果あり。

ツボでにきびと戦う

—ツボ—
「陽白《ようはく》」「地倉《ちそう》」「攅竹《さんちく》」
「絲竹空《しちくくう》」「太陽《たいよう》」
「瞳子《どうし》りょう」「晴明《せいめい》」

—刺激法—
人差し指、あるいは中指の腹で、左右両方のツボを同時に刺激する。

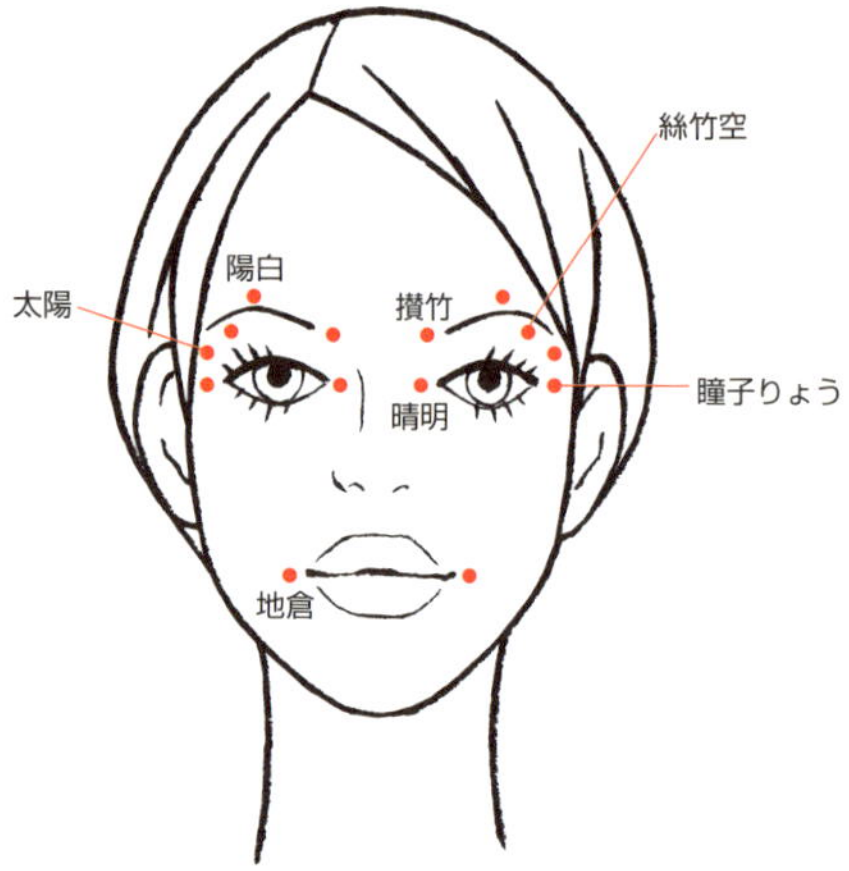

ツボで肌をひきしめる

—ツボ—
「四白《しはく》」黒目の下親指1本分のところ。
「地倉《ちそう》」口角の両脇。

—刺激法—
人差し指、あるいは中指の腹でやや上に押し揉むように、ぐりぐりと刺激する。

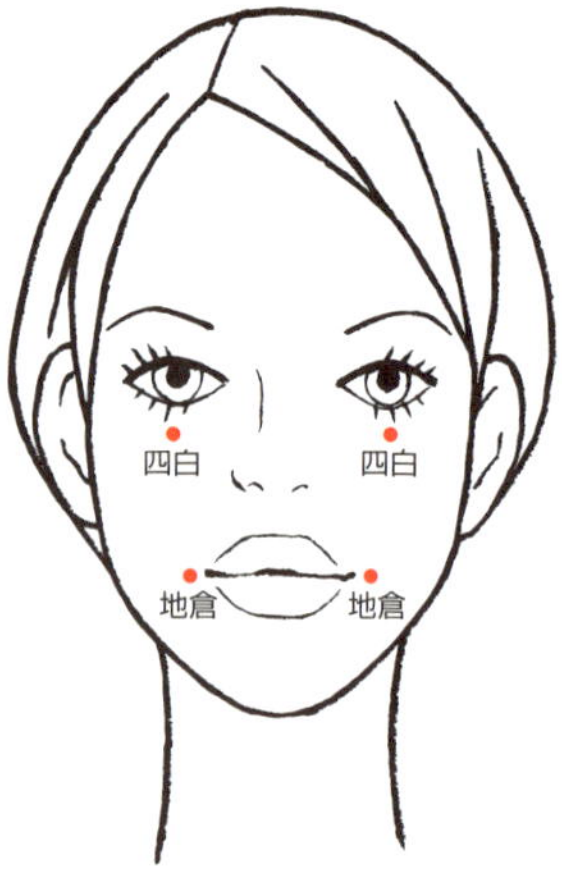

ツボでシワにならない肌をめざす

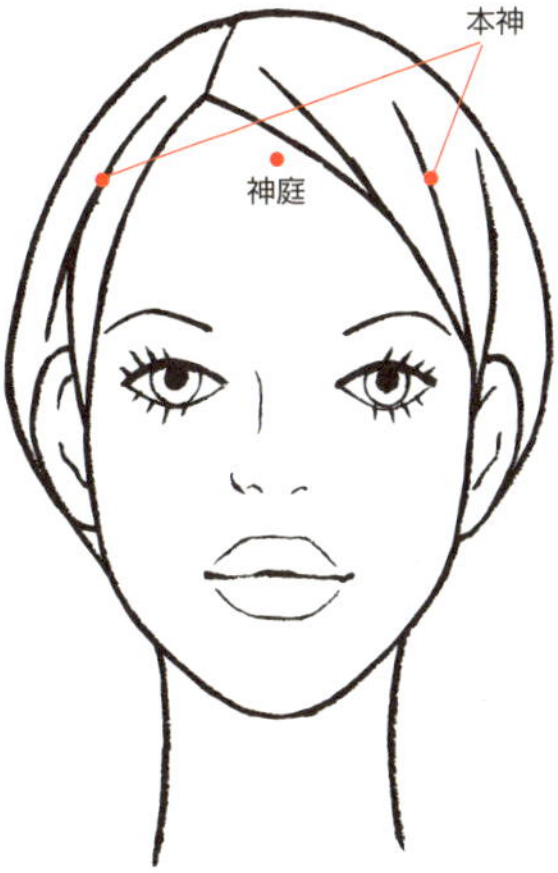

ツボ

「**神庭**《しんてい》」眉の間の中心線を上に延ばした線上で、髪の生え際のすぐ上のところ。

「**本神**《ほんしん》」額角髪の生え際から親指1本分内側。

刺激法

指の腹をツボにあてて、上下左右に軽くなでる

ツボでシミに効く

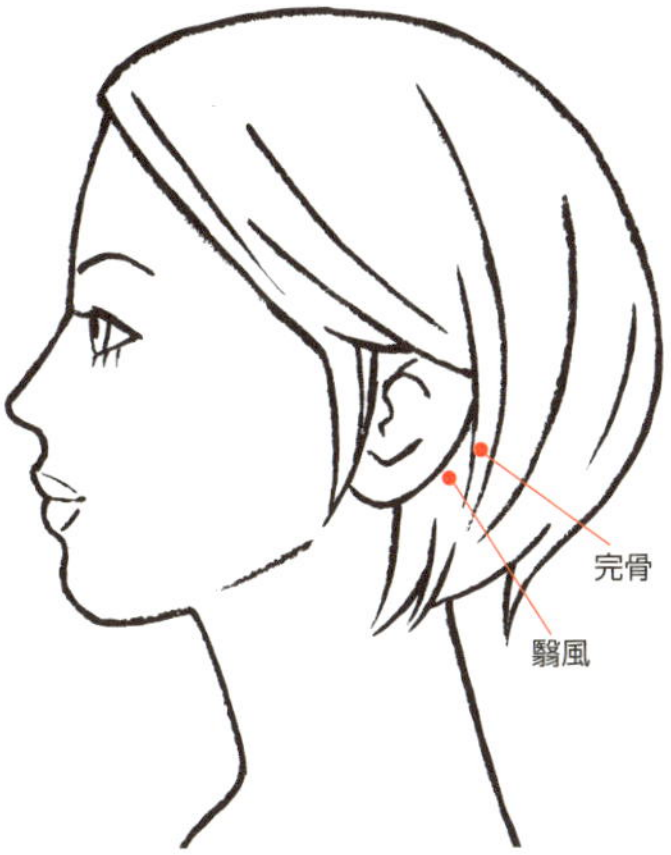

ツボ

「**完骨**《かんこつ》」耳の後ろの骨の出っ張りから指幅1本分、骨に沿って後ろ側。

「**翳風**《えいふう》」耳たぶの後ろの窪んだところの中間あたり（これは経絡上にない奇穴のツボ）。

刺激法

耳の後ろの骨を中心に軽く円を描くように20〜30回くらい親指の腹で押す。

ツボで肌あれと乾燥を防ぐ

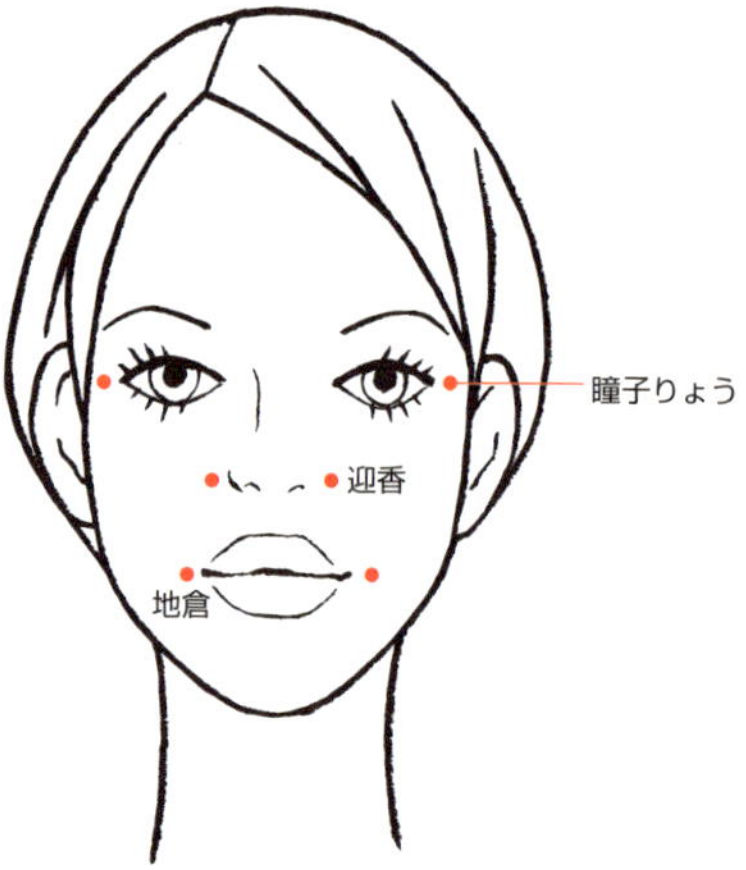

ツボ

「瞳子《どうし》りょう」
「迎香《げいこう》」小鼻の脇、「地倉《ちそう》」

刺激法

人差し指、あるいは中指の腹で、左右両方のツボを同時に刺激する。

ツボで目のクマ解決

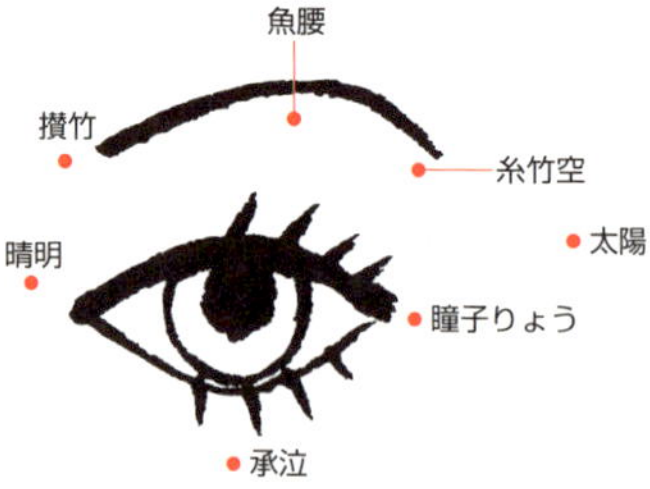

ツボ

「睛明《せいめい》」「攅竹《さんちく》」「魚腰《ぎょよう》」
「絲竹空《しちくくう》」「太陽《たいよう》」
「瞳子《どうし》りょう」「承泣《しょうきゅう》」

刺激法

1. 目を閉じ、親指の指の腹を左右の太陽にあて、人差し指の腹を睛明にあてる。
2. 人差し指の腹を使い、睛明から攅竹、魚腰、糸竹空、太陽、瞳子りょう、承泣のツボの順番でゆっくりと刺激する。
3. 時計回りに15回、反対周りに15回する。

ツボでうっかり日焼けをケア

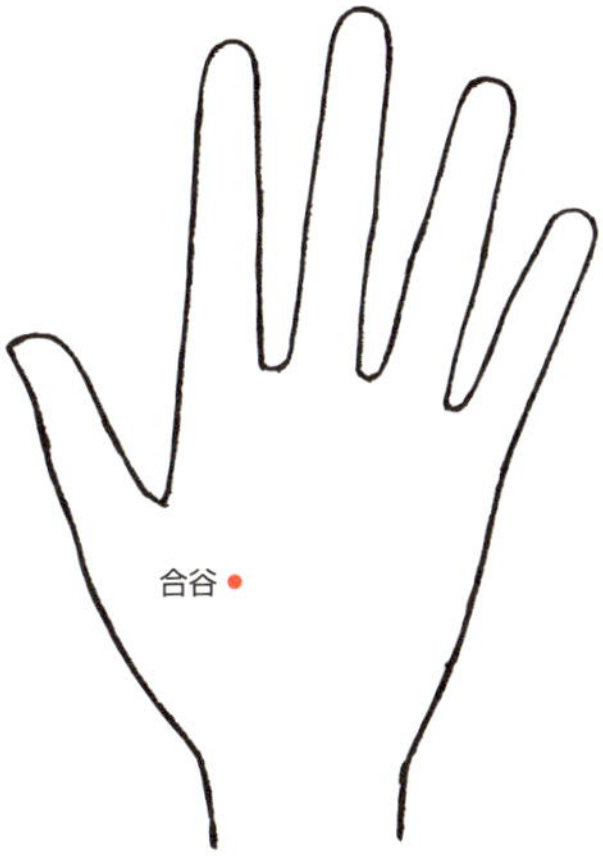

ツボ

「合谷《ごうこく》」人差し指と親指を大きく開いたときに、2つの骨が合わさる付け根のへこんだ部分。

刺激法

なるべく大きく親指と人差し指を開いて、もう一方の手の親指と人差し指で挟むようにして力を入れて押す。

ツボでくすみ解消

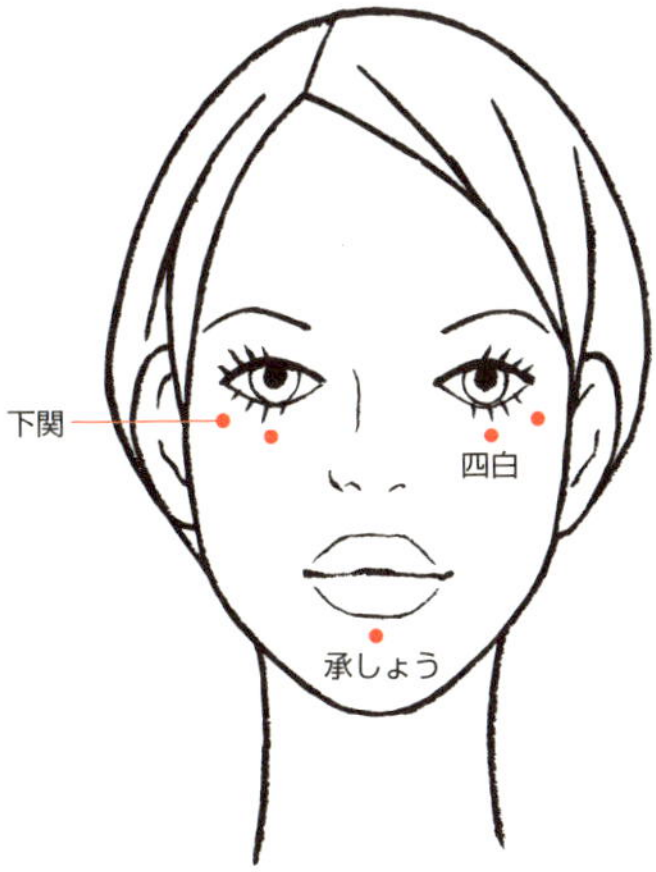

ツボ

「四白《しはく》」「下関《げかん》」頬骨の一番高いところのすぐ下。

「承《しょう》しょう」下唇のすぐ下の中央のくぼみ。

刺激法

人差し指、あるいは中指の腹で、左右両方のツボを同時に刺激する。

むくみの原因

1　水分をとりすぎた場合

前の晩、遅くまでお酒を飲んだときなど、翌朝に顔がパンパンにむくんでいることがあるが、それがこのケース。

2　オフィスの空調などで、体の「冷え」が慢性化してしまっている場合

とくにOLなどは、一日中パソコンの前に座っていることが多いので、このケースに陥りやすい。

3　塩分のとりすぎ

塩分のとりすぎは、加工食品や、スナック菓子のとりすぎが原因になっていることが多い。

それぞれのケースに対応するむくみ対策

むくみを取るツボ

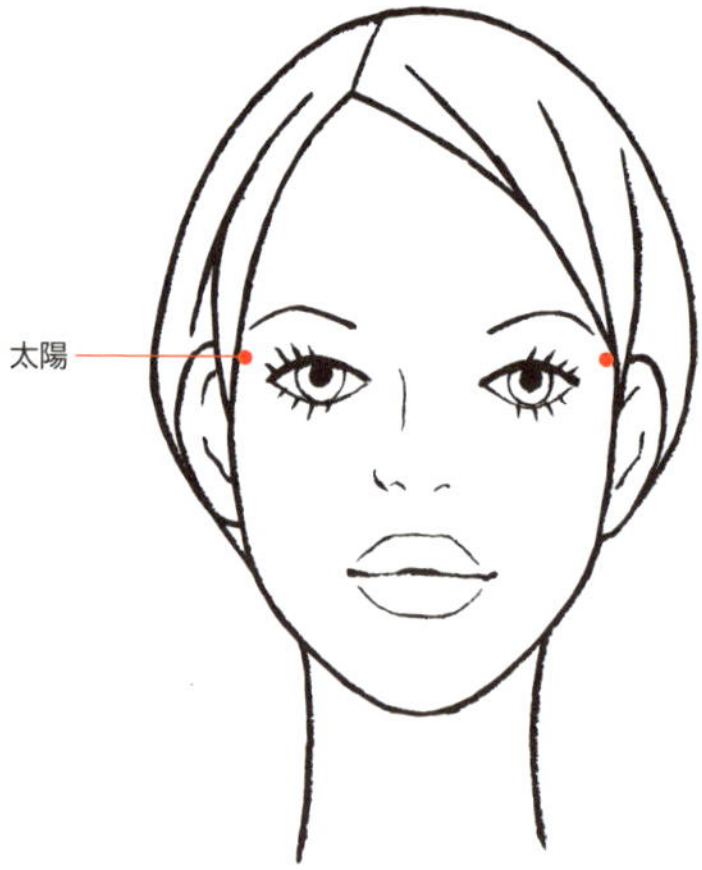

ツボ　「**太陽**」左右こめかみの中央。

刺激法　太陽を親指で、目を上に引き上げるように押す。

対策

水分をとりすぎた場合

前の晩の飲みすぎがたたり、顔がパンパンになってしまっているときは、冷水と蒸しタオルを交互に使う「温冷パッティング」がおすすめ。
蒸しタオルを30秒くらい顔にのせてから、冷水に顔をつける。目が腫れているときは冷水の中で、目をパチパチさせる。

蒸しタオルの作り方

1. タオルを濡らして軽く絞り、ラップに包む。
2. レンジで1分くらい、チン！　する。
（熱くなるので気をつけてね）

オフィスでのむくみ予防

体が冷えると体の水はけが悪くなり、それが慢性的なむくみを招く原因になる。冷えを予防するには、オフィスでは、夏でもカーディガンをはおる、靴下を履くなど、自分なりの対策を講じること。

食生活からむくみを改善

加工食品や、スナック菓子を控えめに。また、体の余分な塩分を排出する働きをしてくれるカリウムを積極的にとること。カリウムが多く含まれる食品は、バナナや柑橘系の果物、トマト、じゃがいもなど。カリウムは、水に溶けると失われやすいので、サラダにしたり、煮汁ごと食べられるスープにするのがおすすめだ。

首は女性の年齢が最もわかりやすい部分です。首の皮は薄いので、目元よりも老化が現れやすいのです。それだけに、30歳を過ぎるころになるとだれでも首のシワには敏感になります。目元の小ジワ程度なら「大人の女なら目じりに小ジワくらいあっても当たり前」と自分を納得させることができるかもしれませんが、首にくっきりとシワが刻まれたら、事態は急に深刻になります。

ひとくちに首のシワといっても、これには2種類の原因があります。ひとつは、「たるみジワ」。これは加齢によって、首の皮膚の弾力が衰え、たるんでくるためにできるもの。もうひとつが「肌理ジワ」。これは、首の皮膚の表面の肌理が、紫外線や加齢によって横方向につながり、それがシワになったもの。

シワは、一度できてしまってからでは消すのがたいへんむずかしいのですが、すでにできてしまっている人は、少しでもはやく首のケアを始めることが大切です。

さて、その予防方法ですが、たるみジワの場合は、日々のスキンケアの範囲を顔だけではなくて首まで拡大してお手入れすること。お手入れ後に手のひらで軽くパッティングするのもたるみ予防に効果があります。

また、肌理ジワには、紫外線対策が効果的。外出するときには、首にも日焼け止めを塗るなどして、紫外線から首を守るようにしましょう。毎日のちょっとした心遣いが美しい首を守る秘訣です。

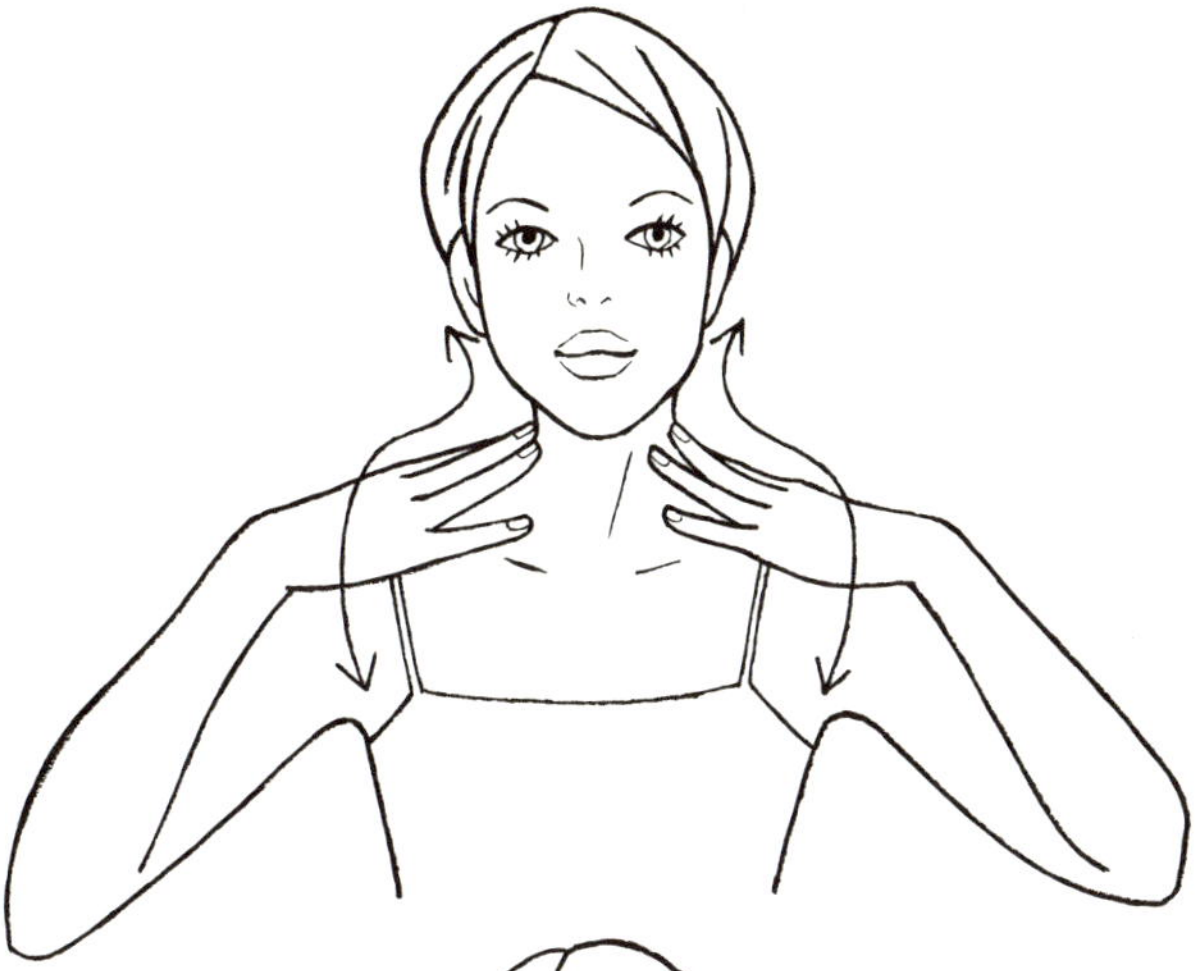

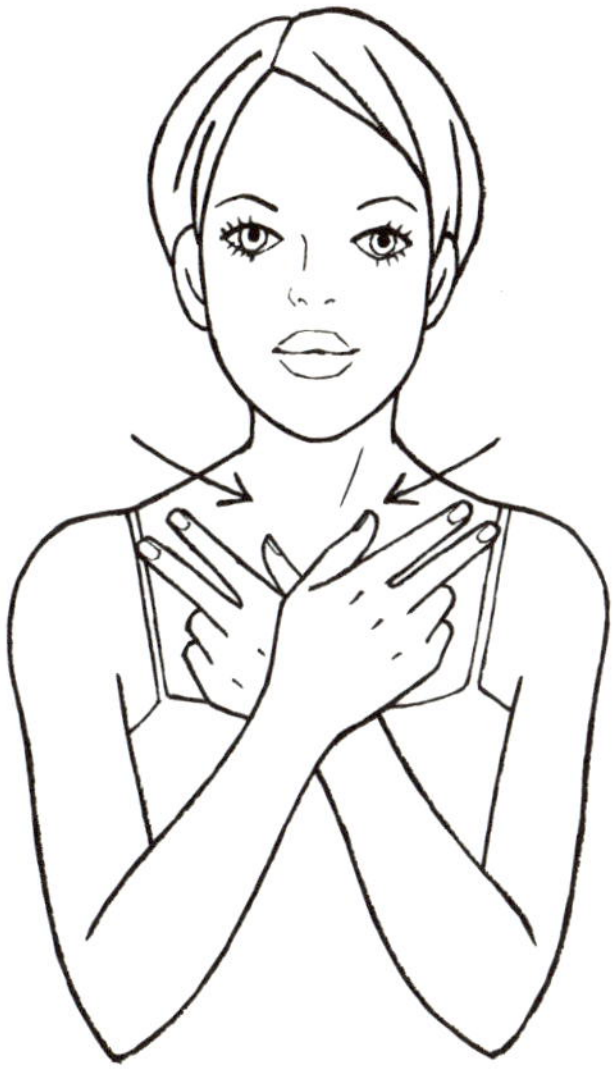

（……首のマッサージ……）

1. 顔のスキンケアのついでに、鎖骨の辺りからあごの付け根まで、下から上に化粧水やクリームを塗る。
2. 両手の指をそろえて左右の耳の下にあてる
3. 首の側面→肩のライン→腋窩リンパ節へとやさしくなでる
   ※ 両手を同時に行なうのがポイント
4. 鎖骨を指で挟むようにして、胸の中心に向かってさする。
   ※ この行程全てあわせて10秒を目安に2回行なう

Special Care

化粧のノリをよくする裏ワザ

いつもぴかぴかのお肌でいたい！　でも、お肌のコンディションをいつも同じ状態にキープするのは至難の業です。

女性のお肌の周期は、生理周期とほとんど同じで、ホルモンバランスの状態が体や肌の状態に現れます。とくに生理前には肌の調子が最悪になる人が多く、にきびだけでなく、化粧のノリが悪くなってしまうことがあります。女性にとって朝の化粧のノリの悪さは、その日１日の気分を決めてしまうほど大切なことです。

でも、化粧のノリの悪さもちょっとした努力で回復できるということをご存知ですか？

化粧のノリをよくする裏ワザをいくつかご紹介しましょう。

基本は、「朝は、いつもより早目に起きること」。きれいを手に入れるためなら努力をおしまないこと。だから我慢、我慢。

また、化粧水、乳液、クリームなどの化粧品をつけるときは、それぞれの間を２～３分おくことが大事です。ひとつひとつをじっくりとお肌に吸収する時間をとることで、その効果が今までと全然違ってくることを実感するでしょう。

そして、一番最後に手の平と手の平をこすり合わせ（36回が理想）、温かくなった手の平で顔全体を10秒くらい覆います。これは美肌のための気功術。驚くほど効き目があります。

スペシャルクリームパック

1. ゆっくりシャワーを浴びて体を芯から温めて、パックする。「えっ！　朝からパック?」と思うかもしれないが、肌の脂質や水分が失われている状態には、スペシャルケアで肌の調子を取りもどすことが先決。

2. クリームを顔全体に厚めに塗って、その上からガーゼをのせて、そのまた上からラップをかける（呼吸できる部分は残して）。

3. 3分待って、はがせば、肌はぷりぷりになっている。最近は、シート状のお手軽パックもたくさんあるので、「美容液1本分をしみこませた」というのが売り文句のものを使ってみてもよい。

即席療法

「そんなに早く起きれないよ〜。でもなんとかしたいの」という人にも救いの手はあります。

奥の手として、ドライヤーで顔を温める方法。洗顔後、化粧水などで肌を整えてから、ドライヤーを温風にセットして、顔から30センチ位離した所から、顔にまんべんなく風を当てる。肌が温まってきて、ほんのりピンク色になったら、血液の循環がよくなってきた証拠。皮脂や水分が分泌され始めてくる。それから、化粧をすれば、かなりノリがよくなってくるはずである。

また、化粧のノリの悪い原因が、前の晩の飲みすぎだったりする場合は、化粧のノリとともに顔のむくみも気になるはず。そんなときは、ドライヤーの前に、冷水と温水で交互に顔を洗うことをおすすめする（P.93参照）。即効性もあり、気分もすっきりしてくる。

最近、「象さんの脚」のように足首がきゅっと締まっていない女性が増えています。そして、そういう脚の持ち主のほとんどは、顔がむくんでいて大きな顔になっているのです。この象さん脚の持ち主は、歩くときにふくらはぎのところにある筋肉を上手に使っていない証拠。いいかえると、歩き方が悪いことで足首が太くなってしまっているのです。

象さん脚の特有な歩き方は「ぺたぺた歩き」。この歩き方は歩行時にかかる衝撃をうまく分散できないので、ひざ、腰、首、またあごの関接にも大きな負担をかけることになってしまうのです。

歩き方をちょっと工夫して、心がけることで姿勢がぐんと変わってきます。また、この歩き方をする時に意識的に下半身に力をいれて、さっそうと歩くようにします。体をひきしめ、たるみと戦う一石二鳥の効果となること間違いなしです。

正しい歩き方

足の運びは一本の線を挟む感じ。

つま先は進行方向に向いている。

足はかかとから着き、つま先で軽く地面をける感じにする。

脚はひざから前にだすようにする。

腰は後ろに突きださない。

歩くときに腰を左右にふらない。

前の足のかかとから後ろの足のつま先までは、少なくとも
自分の足のサイズと同じくらいはある。

上半身は背筋を伸ばす。

肩はふって歩かない。

両腕は軽く歩調に合わせて振る。

目線は10m先を見るようにする。

◇正しい歩き方を身につけるコツがある。それは、利き腕を大きめに振ることだ。
そうするとからだの運動バランスが改善され、左右同じように脚がでるようになる。

「水を飲んで体内浄化」が美肌の秘訣

人間の体内の水分は赤ちゃんの時は約80％もあるのに、歳をとるとともにどんどん減少し、大人になると60％くらいになってしまいます。老化とは細胞に水分を貯える力が弱まりつつあることの現れです。若さを保つには、失われていく水分をどんどん新鮮ないい水で補給していくことが一番の早道。

❶体の力を呼びさます水

香港では、西洋医、漢方医を問わず、病気になると「お水をたくさん飲みなさい」といわれます。水をたくさん飲むことで、体の中の悪いものが外にでていくと考えているからです。体の老廃物を尿と一緒に体外へスムーズに排出するためには、1日に約2Lの水分量が必要です。水はまた、腸の動きを刺激し、排便を促し、便秘の悩みもすっきりと解決してくれるスグレモノです。

❷やせやすい体を作る手助けにも

十分な水分が体内をめぐると老廃物を溜めない体になれます。新陳代謝がとても活発になり、体の内側をきれいな状態に保つだけではなく、体のキレもよくなり「やせやすい体」へと近づいていきます。私自身24kgのダイエットも朝起きて1杯、食事の前後、お風呂の前後、寝る前にと1日2Lの水を飲むことですっきりと成功し、お肌もすべすべになりました。

❸体にいい水を飲む

人が健康にいい水と聞いて思い浮かべるのがミネラルウォーター。硬度の高い「硬水」ほどカルシウムやマグネシウムなどのミネラル成分が豊富になります。また、水を電気分解したアルカリイオン水は体が酸性に傾くのを中和するマイナスイオンを含むアルカリ性のお水。自分に合ったお水を見つけることをおすすめします。私は中国で見つけた*「ジカハイ」というステンレスでできたコップを使っています。これは磁化水を作るというもの。水を磁力により体内に吸収されやすい分子にしてくれ、とても飲みやすくなります。お肌のきれいを手に入れるためには、いいお水をたっぷりと飲むことを心がけて下さい。

※ この商品は通信販売で購入可（p112参照）

終章

——脱ファンデーションで究極の美肌づくり

Closing chapter

体が健康であるという表現が「美肌」そのもの

体の内と外から見る美肌の相互関係を、この本を読んでくださった方たちにわかっていただければうれしいです。

私は「美肌になりたい」女性たちに、夢ではなく現実に手に入れられる目標を持っていただくようにしています。それは、自分自身が持つ肌の中で一番きれいな部分～二の腕の内側、そこは、紫外線のダメージも少なく、赤ちゃんだった頃の肌質を残している部分です。

「赤ちゃんのような肌」は、美肌の代名詞によくたとえられますが、元気な赤ちゃんの肌は、しっとりと吸い付くようにみずみずしく、すべすべで、キメが細かくて本当にうらやましい限りです。その秘密は水分量にあります。赤ちゃんはその体の80％が水分でできていて、大人になると水分量は60～70％に減ってしまうといわれています。逆に赤ちゃんの肌がくすんでいたり、カサカサしていたらどこか悪いところがあるのかも？と心配になってしまいます。

つまり、見た目にきれいな肌は、体内の美しさも意味するということです。体が健康であるという表現が「美肌」なのです。

自分自身の二の腕の内側と、顔の肌のすべての部分を比べてみて、どこがどういうふうに違うのかということを客観的に観察し、その違いをなくすために努力するのが、自分の目標とする美肌への近道だと思います。

私が学んだ中医学では、健康であるために「肌の質」を重視しています。ご紹介したように、「肌は内臓の鏡」と昔から「美肌になるためのレシピ」や、「美肌になるための養生方法」がたくさんつくられてきています。

「メイクでつくり上げる美肌」は表面上のものです。やはり化粧を落としたあとの肌もきれいでありたい！　それ以上に化粧で隠さなくてもいい肌になりたいというのがすべての女性の本音ではないかと思います。

素肌を美しくするには、肌質を整えなければなりません。そのためには、体の内からと外からの美容がいかに大切かを私は常に語ってきました。

ファンデーションは敵か味方か

私がお肌のお手入れをずっと研究してきて、たどり着いた答えは、「肌が自分でできることとできないことを明確にする」ことと、「肌の一番の敵を知る」ことでした。

本来肌が自分でできることは、水分、脂分の補給です。どういうことかというと、たとえば石鹸で洗顔した後、肌はつっぱりますが、なにもしなくてもしばらくするとつっぱりはなくなります。それは、肌の細胞が自ら水分を補給したということです。また、朝起きたとき肌がべたついたりしているのは、肌が脂分を補給したということです。

肌が自分でできないことは、汚れ（とくに化粧品による汚れ）を落とすこと。そして、肌の一番の大敵は、ご存知の方のほうが多いとは思いますが、それは「紫外線」です。

化粧品を落とすということと、紫外線を考えて、すぐに思いつくのがファンデーションの存在です。

最近のファンデーションはとっても機能的で、塗るだけで、毛穴の開きも、シミもなにもかも隠してくれます。おまけに紫外線防御効果もあるらしいので、塗らないより塗ったほうがよいに違いないと思いこんでしまうほどです。

でも、化粧をすればするほど、すっぴんの肌がくすんできたり、機能的であればあるほど、化粧落としが大変になってきて、肌があれやすくなってくるのも事実です。「紫外線対策のためには塗らないといけないけれど、塗ったら肌があれる。紫外線の害から肌を守るのが大切なのか?、肌を守るのが大切なのか?」と、鶏と卵の関係のような悩みを抱えている人も多いのではないでしょうか。

老化を感じ始めてきた日本女性は、化粧、とくにファンデーションは、塗ると肌が呼吸できないくらいにつらくもなるが、塗らないときれいにならない「必要悪」だと、心の隅で思いこんでいるのではないでしょうか。

知っていますか？　ファンデーションという化学成分の塊に、毛穴からでる汗や空気中の埃が混じったものに紫外線が当たると、過酸化脂質というものが生まれるということを。

多くの女性が「化粧しないで外にでるということは、服を着ないで外にでるのと同じこと」という意識を持っているのではないでしょうか。

私は、この10年、「女性のきれいは体の内と外から」というコンセプトのもと、「素肌を隠してつくるきれいではなく、素肌そのものの美しさを手に入れること」をめざしたケアを考えてきました。そして長い間、ファンデーションに対して疑問を持ちつづけてきたのです。確かに紫外線対策というのは現代社会では、皮膚がん予防のためにも必要なことですし、見た目の肌もきれいに見せたいものです。

でも、ファンデーションは絶対に必要不可欠なのでしょうか?

自分に子供が生まれて、「赤ちゃんが、化学物質でできたファンデーションを舐めて、体に害はないのか?」と心配になったことがきっかけになり、「食べても大丈夫で、紫外線対策もできて、肌もきれいに見えるもの」をつくろうと決心したのです。

「真珠」と「シルク」のひらめき

「肌に害を与えにくいもので、ファンデーション的効果もUV効果もあるものがつくれたら…。シワ・シミを隠すのではなく、解決に導けるスキンケア効果もあればもっといい! それが天然素材でできるのなら…。

あと、簡単に洗い流すことができて、朝でも、夜でも使えるものができないものかしら?」と考えました。

中医美容学の文献を読み漁さり、たどり着いたのが、「真珠」と「シルク」の存在でした。「真珠」は、加齢とともに減少するコラーゲンに似た性質のコンキオリンアミノ酸を含んでいるので、肌へのなじみがとてもいいということ、そして、肌が自ら持つ潤い成分である天然保湿因子NMFが不足したときに、その状態をもとにもどす働きがあります。

かの西太后は、真珠を塗ったり飲んだりしてスキンケアをしていたので、60歳になってもその肌は赤ちゃんの肌と同じくらいみずみずしかったといわれているくらいです。

また、シルクは、太陽に当たると黄ばむ。つまり紫外線を吸収する効果があります。それだけでなく、昔から世界中で高貴な女性は、シルクを身にまとっていました。

夏は涼しく、冬は暖かいという機能のほかに、シルクは、肌を滑らかにする効果もあり、日本の着物も、中国宮廷の女性たちが身にまとっていたのもシルクです。最近はシルクのタオルで体を洗うと肌がつやつやになるということは周知の事実でもあります。

中国では、シルク入りのスキンケアクリームや真珠入りのスキンケアクリームが普通に街で売られ、多くの女性が愛用しています。

研究を重ねた結果、その真珠とシルクをタルク(ベビーパウダーの材料）で成型し、プレストパウダーにしたものができあがりました。パウダー状にすることにより、肌の上で光を乱反射させるので、紫外線対策にも、肌のキメを細かく見せるのにも役立ち、そしてなによりも、お肌を育ててくれるというすばらしい効果があります。

「美容粉」の誕生——お肌を育てるスキンケアアイテム

その使い方は、2通り。朝は、ファンデーションの代わりに使う。化粧水やクリームなどで肌を整えてからさっと塗るだけ。生活紫外線は防御できるし、パウダーがナノ化されているので、肌の表面を隙間なく覆い、肌もきれいに見せてくれます。

夜は、美容液の代わりに使っていただけます。肌をすべすべにするだけでなく、ナノ化されたパウダーは、翌朝の洗顔で洗い流すときに、天然の優しいスクラブ剤の役目をはたしてくれるので、毛穴の汚れも一緒に洗い流せるという一石二鳥の効果があります。

素肌を隠すために蓋をしてきれいに見せるだけの化粧品ではなく、お肌を育てるスキンケアアイテムなので24時間いつでも使える、というよりも24時間使うことによってお肌がメキメキと輝いてくるのです。

「きれいに見せる機能ときれいをつくる機能を持ち合わせているもの」という意味をこめて「美容粉《おこな》」と名づけました（P.112参照）。

最初は真珠とシルクがベースの「白色」ひとつでしたが、ユーザーの声のもと、6つの天然成分、バラ、龍井茶、カモミール、チベットサフラン、紫米を使い、ピンク、グリーン、イエロー、ベージュ、パープルの6色をプロデュースしました。たとえばくすんだ肌にはイエローを使うなど、肌のトラブルを隠して見えなくするコンシーラーのような役割もありながら、その天然成分の効果でまた、肌のトラブルを解決に導いてくれるのです。つまり、肌のトラブルを解決する漢方ハーブを真珠とシルクに加えたレシピにしたのです。

「食べられる化粧品」「化粧しなくてもきれいになれる」「赤ちゃんの紫外線対策にも使える」「肌が弱い人でも化粧できる」「着物のときの化粧に（着物についたファンデーションは取るのが大変なのだが、これは、さっと取れる）」などなど、歓迎し愛用してくださっている女性が増えています。

そして今、私の周りの多くの女性たちは、ファンデーションを卒業しています。最初は、「ファンデーションを塗らないなんてことはありえない」といっていた人たちです。「美容粉にしてから、肌がきれいになった、ファンデーションをかえたの？　といわれるようになった」と喜びの声を私に届けてくれています。

それは、私にとって、究極にうれしいことです。「もっともっときれいになる」ための、「きれいでいるために必要なもの」を追求していく原動力になるからです。

自分の肌を守れるのは自分しかいないということ。自分自身を大切にしないといけないように、お肌を大切に慈しむ、そのような日常を送ることで確実に本当のきれいが手に入るという喜びをもっともっと多くの方たちと共有できればと考えています。

本書で述べてきた「体の内からきれいをつくる」美肌生活をひとりでも多くの方に是非試していただきたいと思います。

自分の「きれい」を育てる毎日は、だれにでもできることです。思いを実行にうつすだけで、あなたも変われるのです！

悩み・トラブル	スキンケア	養生ドリンク、ツボケア
むくみ	むくみ対策▶p.92	ツボでむくみを取る▶p.92 顔のツボ▶p.87
首のシワ	首のシワマッサージ▶p.94	
日焼け	卵白パック▶p.49 緑茶パック▶p.51	肌回復ドリンク▶p.82、顔のツボ▶p.87 うっかり日焼けをケア▶p.91
冷え	足浴で血行促進▶p.61 むくみ対策▶p.92	ジンジャー・シナモンミルクティ▶p.78 手のツボ▶p.75
皮脂	にきびケア▶p.28 湯気美容法▶p.38	黒にきび・白にきび対策ドリンク▶p.81 ツボでにきびと戦う▶p.88
鼻の黒いブツブツ	毛穴ケア▶p.36、洗顔法▶p.26	バナナヨーグルト▶p.77
冷暖房に弱い	当帰保湿パック▶p.50	ツボで肌あれと乾燥を防ぐ▶p.90
まぶたがたれる	まぶたが下がっている場合▶p.55	顔のツボ▶p.87
二重あご	二重あごが気になる場合▶p.56	顔のツボ▶p.87
疲れ目		目のクマ解決ドリンク▶p.80 ツボで目のクマ解決▶p.90、顔のツボ▶p.87
頭痛		手のツボ▶p.75 顔のツボ▶p.87
疲労		シミ取りドリンク▶p.79 手のツボ▶p.75
緊張・イライラ		手のツボ▶p.75 顔のツボ▶p.87
水分のとりすぎ		顔のツボ▶p.87
便秘		手のツボ▶p.75

ケア早見表
Index

トラブルで見る INDEX

楊さちこ

Profile

～アジアンコスメの第一人者～


日本のアジアコスメブームに火をつけた仕掛け人。'99年に中医の資格を取得し、現在は中国南京中医薬大学教授、同大学付属・東方美学研究院の院長。

中医美容学を基礎にきれいになるためのアイテムを発掘するだけでなく、商品開発までコンサルティングし、美に関するトータルプロデュースを手がける。香港中国医薬学会理監事会漢方美容部主任、香港中国医薬学会「草本美容安全標準委員会」顧問などに就任し、香港美容界で活躍中。

また、現在はアジアンソロジーのコンセプトプロデューサーとして、アジアおよび世界に発信するアジアンビューティーできれいになるお店を香港にオープンさせた。

著書には「中国化粧品探検」、「続・中国化粧品探検」(香港ポスト社)、「アジアのきれいはアジアが守る」(フェリシモ出版)、中文書で、「美顔煩悩解決書」、「美顔痩身魔法書」、「美身求真」(シリーズ続刊中) 近刊には「大開眼界美容秘方」などがある。今や活躍の場はアジアだけにとどまらず世界に広がっている。香港在住19年。


［これらの商品は通信販売で購入できます］

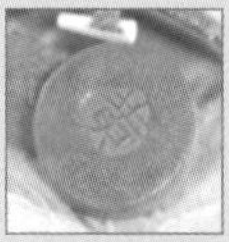

「黄土クレヨンパック」
▶p.62

「養顔の素」
▶p.62

「ジカハイ」
▶p.100

お問い合わせ：http://www.asianthology.com

「VINYASA美容粉」
▶p.107

お問い合わせ：http://www.vinyasa-okona.com

本書で紹介している「漢方材料」はお近くの漢方生薬を販売している「漢方薬局」でお問い合わせ下さい。

中医学博士
楊さちこの漢方美肌生活

2005年4月25日初版発行

著者……楊さちこ
イラスト／表紙カバー…大森せい子
ブックデザイン……大野リサ
編集……戸塚貴子
発行者……桑原晨
発行所……株式会社めこん
〒113-0033
東京都文京区本郷3-7-1
［電話］03-3815-1688
［ファックス］03-3815-1810
URL:http://www.mekong-publishing.com

印刷・製本…太平印刷社

落丁・乱丁本は送料小社負担にてお取替えします。

ISBN4-8396-0181-X
2077-0502181-8347